D1324226

COSACNAIFY PORTÁTIL 23

MARCEL
LE HENR
SOBRE
SAC

MAUSS
HUBERT
O
SACRIFÍCIO

tradução Paulo Neves

SOBRE O SACRIFÍCIO

Propusemo-nos neste trabalho definir a natureza e a função social do sacrifício.* O empreendimento seria ambicioso se não tivesse sido preparado pelas pesquisas de Tylor, Robertson Smith e Frazer. Sabemos tudo o que lhes devemos. Mas outros estudos nos permitem propor uma teoria diferente da deles e que nos parece mais abrangente. Aliás, pensamos em apresentá-la apenas como uma hipótese provisória: informações novas sobre um tema tão vasto e tão complexo não podem deixar de nos levar, no futuro, a modificar nossas ideias atuais. Feitas essas ressalvas, julgamos, no entanto, que poderia ser útil coordenar os fatos de que dispomos e oferecer uma concepção de conjunto.

A história das concepções antigas e populares do sacrifício--dádiva, do sacrifício-alimento e do sacrifício-contrato e o estudo dos efeitos que elas podem ter tido sobre o ritual não irão nos deter, por maior interesse que possam ter. As teorias do sacrifício são velhas como as religiões, mas para nelas encontrar um caráter científico foi preciso esperar os anos recentes. É à escola antro-

* Publicado originalmente como "Essai sur la nature et la fonction du sacrifice". *Année Sociologique*, v. 2, 1899.

pológica e sobretudo a seus representantes ingleses que cabe o mérito de tê-las elaborado.

Sob a inspiração paralela de Bastian, Spencer e Darwin, Tylor,[1] comparando fatos tomados de raças e civilizações diferentes, imaginou uma gênese das formas do sacrifício. Segundo esse autor, o sacrifício é originariamente uma dádiva que o selvagem faz a seres sobrenaturais aos quais lhe convém se ligar. Depois, quando os deuses se alçaram e se afastaram dos homens, a necessidade de continuar a transmitir-lhes essa dádiva fez nascer os ritos sacrificiais, destinados a fazer chegar até esses seres espirituais as coisas espiritualizadas. À dádiva sucedeu a homenagem em que o fiel não exprime mais qualquer esperança de retorno. Para que daí o sacrifício se tornasse abnegação e renúncia não havia mais que um passo; assim, a evolução fez o rito passar dos presentes do selvagem ao sacrifício de si. Mas se essa teoria descrevia bem as fases do desenvolvimento moral do fenômeno, não explicava seu mecanismo. Não fazia, em suma, senão reproduzir numa linguagem definida as velhas concepções populares. Sem dúvida, havia uma parte de verdade histórica nessa teoria. É certo que os sacrifícios foram geralmente, em algum grau, dádivas[2] que conferiam ao fiel direitos sobre seu deus. Serviram também para alimentar as divindades. Mas não era suficiente constatar o fato: era preciso explicá-lo.

Na verdade, R. Smith[3] foi o primeiro a tentar uma explicação racional do sacrifício. Ele estava inspirado pela descoberta recente do totemismo.[4] Assim como a organização do clã totêmico lhe havia explicado a família árabe e semítica,[5] ele também quis ver nas práticas do culto totêmico a raiz do sacrifício. No totemismo, o totem ou o deus é parente de seus adoradores; são da mesma carne e do mesmo sangue; o rito tem por objeto manter e garantir essa vida comum que os anima e os associa. Se necessário, ele restabelece a unidade. A "aliança pelo sangue" e a "refeição em comum" são os meios mais simples de atingir esse resultado. Ora, aos olhos de R. Smith o sacrifício não se distingue dessas práticas. Segundo ele, tratava-se de uma refeição na qual os fiéis, ao comerem o totem, assimilavam-no e assemelhavam-se a ele, aliavam-se entre si ou com ele. A morte sacrificial não tinha outro fim senão permitir o consumo de um animal sagrado e, portanto, interdito. Do sacrifício comunial R. Smith deduz os sacrifícios expiatórios ou propiciatórios, isto é, os piáculos e os sacrifícios-dádivas ou honorários. Para ele, a expiação é apenas o restabelecimento da aliança rompida, e o sacrifício totêmico tinha justamente todos os efeitos de um rito expiatório. Aliás, ele reconhece essa virtude em todos os sacrifícios, mesmo após o total desaparecimento do totemismo.

Restava explicar por que a vítima, primitivamente partilhada e comida pelos fiéis, era geralmente destruída por inteiro nos piáculos. É que a partir do momento em que os antigos totens foram suplantados pelos animais domésticos no culto dos povos pastores eles não mais figuraram nos sacrifícios a não ser raramente, por ocasião de circunstâncias particularmente graves. Por consequência, foram vistos como sagrados demais para que os profanos pudessem tocá-los: somente os sacerdotes os comiam, ou então se fazia desaparecer tudo. Nesse caso, a extrema santidade da vítima acaba por se transformar em impureza; o caráter ambíguo das coisas sagradas, que R. Smith tão admiravelmente havia mostrado, permitiu-lhe explicar facilmente como pudera se produzir uma tal transformação. Por outro lado, quando o parentesco dos homens e dos animais deixou de ser inteligível aos semitas o sacrifício humano substituiu o sacrifício animal, pois se tornou o único meio de estabelecer uma troca de sangue direta entre o clã e o deus. Mas então as ideias e os costumes que protegiam na sociedade a vida dos indivíduos, proscrevendo a antropofagia, fizeram cair em desuso a refeição sacrificial.

De outra parte, o caráter sagrado dos animais domésticos, profanados cotidianamente pela alimentação do homem, foi pouco a pouco se apagando. A divindade se separou de suas formas animais. Ao se afastar do deus, a vítima se aproximou do homem, proprietário do rebanho. Desse modo, para explicar a oferenda da vítima passou-se a representá-la como uma dádiva do homem aos deuses. Assim se originou o sacrifício-dádiva. Ao mesmo tempo, a similitude dos ritos da pena e do rito sacrificial, a efusão de sangue que se dava em ambos, conferiu um caráter penal às comunhões piaculares da origem e as transformou em sacrifícios expiatórios.

A essas pesquisas vinculam-se, de um lado, os trabalhos de Frazer e, de outro, as teorias de Jevons. Com mais circunspecção em alguns pontos, estas últimas são, em geral, a exacerbação teológica da doutrina de Smith.[6] Já Frazer[7] traz um acréscimo importante. A explicação do sacrifício permanecera rudimentar em Smith. Sem desconhecer seu caráter naturalista, ele fazia do sacrifício um piáculo de ordem superior. A antiga ideia do parentesco entre a vítima totêmica e os deuses sobrevivia para explicar os sacrifícios anuais, que comemoravam e reeditavam um drama cuja vítima era o deus. Frazer reconheceu a semelhança existente entre esses deuses sacrificados e os demônios agrários de Mannhardt.[8] Associou ao sacrifício totêmico a morte ritual dos gênios da vegetação; mostrou como do sacrifício e da refeição comunial, em que se pretendia assimilar-se aos deuses, advém o sacrifício agrário, no qual, para aliar-se ao deus dos campos no final de sua vida anual, este era morto e depois comido. Ao mesmo tempo constatou que frequentemente o velho deus assim sacrificado parecia, talvez por causa dos tabus a que estava associado, levar consigo a doença, a morte, o pecado, desempenhando o papel de vítima expiatória, de bode expiatório. Contudo, ainda que a ideia de expulsão fosse acentuada nesses sacrifícios, a expiação ainda parecia provir da comunhão. Frazer propôs-se antes completar a teoria de Smith do que discuti-la.

O grande defeito desse sistema é querer reduzir as formas tão múltiplas do sacrifício à unidade de um princípio arbitrariamente escolhido. Antes de mais nada, a universalidade do totemismo, ponto de partida de toda a teoria, é um postulado. O totemismo só aparece em estado puro em algumas tribos isoladas da Austrália e da América. Colocá-lo na base de todos os cultos teriomórficos é fazer uma hipótese talvez inútil, e em todo caso impossível de verificar. Sobretudo, é difícil encontrar sacrifícios propriamente totêmicos. O próprio Frazer reconheceu que muitas vezes a vítima totêmica era aquela de um sacrifício agrário. Noutros casos, os pretensos totens eram os representantes de uma espécie animal da qual dependia a vida da tribo, quer essa espécie fosse domesticada, quer fosse a caça preferida ou, ao contrário, particularmente temida. Seria necessária, no mínimo, uma descrição minuciosa de um certo número dessas cerimônias, e é precisamente isso que falta.

Mas aceitemos por um instante essa primeira hipótese, por contestável que seja. O desenrolar mesmo da demonstração é sujeito a crítica. O ponto delicado da doutrina é a sucessão histórica e a derivação lógica que Smith pretende estabelecer entre o sacrifício comunial e os outros tipos de sacrifício. Ora, nada mais duvidoso que isso. Toda tentativa de cronologia comparada dos sacrifícios árabes, hebreus ou outros por ele estudados é fatalmente desastrosa. As formas que parecem as mais simples são conhecidas apenas por meio de textos recentes. Ademais, essa simplicidade pode resultar da insuficiência dos documentos. Em todo caso, ela não implica nenhuma prioridade. Se nos ativermos aos dados da história e da etnografia, em toda parte encontraremos o piáculo ao lado da comunhão. Aliás, esse termo vago, "piáculo", permite a Smith descrever sob a mesma rubrica e nos mesmos termos purificações, propiciações e expiações, e é essa confusão que o impede de analisar o sacrifício expiatório. Por certo esses sacrifícios geralmente são seguidos de uma reconciliação com o deus; uma refeição sacrificial, uma aspersão de sangue, uma unção restabelecem a aliança. Só que para Smith é nos próprios ritos comuniais que reside a virtude purificadora desses tipos de sacrifício, de modo que a ideia de expiação é absorvida na ideia de comunhão. É certo que ele constata em algumas formas extremas ou simplificadas algo que não ousa ligar à comunhão, uma espécie de exorcismo, de expulsão de um caráter mau. Segundo Smith, porém, trata-se de procedimentos mágicos que nada têm de sacrificial, e ele explica com muita erudição e engenho a introdução tardia desses procedimentos no mecanismo do sacrifício. Ora, é precisamente isso que podemos admitir. Um dos objetivos do presente trabalho é mostrar que a eliminação de um caráter sagrado, puro ou impuro, é um elemento primitivo do sacrifício, tão primitivo e tão irredutível quanto a comunhão. Se o sistema sacrificial tem sua unidade, ela deve ser buscada noutra parte.

O erro de Smith foi sobretudo um erro de método. Em vez de analisar o sistema do ritual semítico em sua complexidade originária, ele se dedicou a agrupar genealogicamente os fatos conforme as relações de analogia que acreditava perceber entre eles. Aliás, esse é um traço comum aos antropólogos ingleses, preocupados sobretudo em acumular e classificar documentos. De nossa parte, não desejamos fazer uma enciclopédia que nos seria impossível completar e que, vindo após as deles, não seria útil. Procuraremos estudar corretamente fatos típicos. Esses fatos, nós os tomaremos particularmente dos textos sânscritos e da Bíblia. Estamos longe de ter documentos de mesmo valor sobre os sacrifícios gregos e romanos. Ao se relacionar informações dispersas, fornecidas pelas inscrições e pelos autores, obtém-se apenas um ritual disparatado. Já na Bíblia e nos textos hindus temos corpos de doutrinas que pertencem a uma época determinada. O documento aí é direto, redigido pelos próprios atores em sua língua e no mesmo espírito com que cumpriam os ritos, ou então com uma consciência sempre muito clara da origem e da motivação de seus atos.

Quando se trata de distinguir as formas simples e elementares de uma instituição, por certo é incômodo tomar como ponto de partida da pesquisa rituais complicados, recentes, comentados e provavelmente deformados por uma teologia erudita. Mas nessa ordem de fatos qualquer pesquisa puramente histórica é vã.

A antiguidade dos textos ou dos fatos relatados, a relativa barbárie dos povos e a aparente simplicidade dos ritos são indicadores cronológicos enganadores. É desmedido buscar num punhado de versos da *Ilíada* uma imagem aproximada do sacrifício grego primitivo: eles não são suficientes nem mesmo para dar uma imagem exata do sacrifício nos tempos homéricos. Só fazemos ideia dos ritos mais antigos por meio de documentos literários, vagos e incompletos, de sobrevivências parciais e enganosas, de tradições infiéis. E é igualmente impossível demandar somente da etnografia o esquema das instituições primitivas. Geralmente truncados por uma observação apressada ou falseados pela precisão de nossas línguas, os fatos registrados pelos etnógrafos só adquirem valor quando cotejados com documentos mais precisos e completos.

Não cogitamos pois empreender aqui a história e a gênese do sacrifício, e se chegamos a falar de anterioridade, trata-se de anterioridade lógica e não de anterioridade histórica. Não é que nos recusamos o direito de recorrer aos textos clássicos ou à etnologia para esclarecer nossas análises e controlar a generalidade de nossas conclusões. Mas, em vez de direcionar nosso estudo para grupos de fatos artificialmente formados, trabalharemos, nos rituais definidos e completos que estudarmos, com conjuntos dados, com sistemas naturais de ritos que se impõem à observação. Coagidos assim pelos textos, estaremos menos expostos às omissões e às classificações arbitrárias. Enfim, como as duas religiões que vão constituir o centro de nossa investigação são muito diferentes, já que uma redunda no monoteísmo e a outra no panteísmo, pode-se esperar, comparando-as, chegar a conclusões suficientemente gerais.[9]

1. DEFINIÇÃO E UNIDADE DO SISTEMA SACRIFICIAL

Antes de ir mais longe, convém dar uma definição exterior dos fatos que designamos por "sacrifício".

A palavra sugere imediatamente a ideia de consagração, e poder-se-ia pensar que as duas noções se confundem. Com efeito, é certo que o sacrifício sempre implica uma consagração: em todo sacrifício um objeto passa do domínio comum ao domínio religioso – ele é consagrado. Mas as consagrações não são todas da mesma natureza. Há aquelas que esgotam seus efeitos no objeto consagrado, seja ele qual for, homem ou coisa. É o caso, por exemplo, da unção. Na sagração de um rei, somente a personalidade religiosa do rei é modificada; fora dela nada é alterado. No sacrifício, ao contrário, a consagração irradia-se para além da coisa consagrada, atingindo, entre outras coisas, a pessoa moral que se encarrega da cerimônia. O fiel que forneceu a vítima, objeto da consagração, não é no final da operação o que era no começo. Ele adquiriu um caráter religioso que não possuía, ou se desembaraçou de um caráter desfavorável que o afligia; elevou-se a um estado de graça ou saiu de um estado de pecado. Em ambos os casos ele é religiosamente transformado.

Chamamos "sacrificante" o sujeito que recolhe os benefícios do sacrifício ou se submete a seus efeitos.[10] Esse sujeito é ora um indivíduo,[11] ora uma coletividade:[12] família, clã, tribo, nação, sociedade secreta. Quando é uma coletividade, o grupo pode exercer coletivamente o ofício de sacrificante, isto é, assistir em conjunto ao sacrifício.[13] Mas também pode delegar a um de seus membros a função de agir em seu lugar. Assim, a família geralmente é representada por seu chefe[14] e a sociedade por seus magistrados.[15] É um primeiro grau nessa série de representações que iremos deparar em cada uma das etapas do sacrifício.

Todavia, há casos em que a irradiação da consagração sacrificial não se faz sentir diretamente no próprio sacrificante, mas em algumas coisas mais ou menos diretamente ligadas à sua pessoa. No sacrifício feito por ocasião da construção de uma casa[16] o que é afetado é a casa, e a qualidade que ela assim adquiriu pode sobreviver a seu proprietário atual. Noutros casos é o campo do sacrificante, o rio que ele deve transpor, o juramento que ele presta, a aliança que ele firma etc. Chamaremos "objetos do sacrifício" essas coisas em vista das quais o sacrifício é feito. Aliás, é importante assinalar que também o sacrificante é atingido, até mesmo em razão de sua presença no sacrifício e de sua participação ou interesse nele. A ação irradiante do sacrifício é aqui particularmente sensível, pois ele produz um duplo efeito: um sobre o objeto pelo qual é oferecido e sobre o qual se quer agir, outro sobre a pessoa moral que deseja e provoca esse efeito. Às vezes, ele só vem a ser útil sob a condição mesma de ter esse duplo resultado. Quando um pai de família sacrifica pela inauguração de sua casa, é preciso não apenas que a casa possa receber sua família, mas também que a família esteja preparada para ocupá-la.[17]

Vê-se qual é o traço distintivo da consagração no sacrifício: que a coisa consagrada sirva de intermediário entre o sacrificante, ou o objeto que deve receber os efeitos úteis do sacrifício, e a divindade à qual o sacrifício é endereçado. O homem e o deus não estão em contato imediato. Assim é que o sacrifício se distingue da maior parte dos fatos designados como "aliança pelo sangue", em que se produz, pela troca de sangue, uma fusão direta da vida humana e da vida divina.[18] Diremos o mesmo de certos casos de oferenda de cabelos, pois também aqui o sujeito que sacrifica está, por parte de sua pessoa que é oferecida, em comunicação direta com o deus.[19] É certo que há conexões entre esses ritos e o sacrifício, mas eles devem ser distinguidos.

Essa primeira característica não é porém suficiente, já que não permite distinguir o sacrifício desses fatos maldefinidos que convém nomear como "oferendas". Com efeito, não há oferenda em que o objeto consagrado não se interponha igualmente entre o deus e o oferecedor e em que este último não seja afetado pela consagração. Mas se todo sacrifício é, de fato, uma oblação, há oblações de espécies diferentes. Às vezes o objeto consagrado é simplesmente apresentado como um ex-voto: a consagração pode afetá-lo no serviço do deus mas não altera sua natureza pelo simples fato de fazê-lo passar para o domínio religioso – caso das primícias apenas trazidas ao templo e que ali permaneciam intactas e pertencentes aos sacerdotes. Outras vezes, ao contrário, a consagração destrói o objeto apresentado: no caso de um animal apresentado ao altar, a finalidade buscada só é atingida quando ele foi degolado, esquartejado ou consumido pelo fogo – em suma, quando foi sacrificado. O objeto assim destruído é a vítima. É evidentemente às oblações desse tipo que deve ser reservada a denominação "sacrifício". Percebe-se que a diferença entre os dois tipos de operações se deve à sua desigual gravidade e à sua desigual eficácia. No caso do sacrifício as energias religiosas postas em jogo são mais fortes e, assim, devastadoras.

Nessas condições, deve-se chamar "sacrifício" toda oblação, mesmo vegetal, em que a oferenda, ou uma parte dela, é destruída, embora o costume pareça reservar o termo apenas à designação dos sacrifícios sangrentos. É arbitrário restringir desse modo o sentido da palavra. Guardadas as proporções, o mecanismo da consagração é o mesmo em todos os casos, de modo que não há razão objetiva para distingui-los. Assim, o *minhâ* hebraico é uma oblação de farinha e bolos[20] que acompanha alguns sacrifícios, mas tanto constitui um sacrifício a mesmo título que estes que o Levítico não os distingue.[21] Os mesmos ritos são observados; uma porção é destruída no fogo do altar e o resto é comido totalmente ou em parte pelos sacerdotes. Na Grécia,[22] alguns deuses não admitiam em seu altar senão oblações vegetais;[23] portanto, houve ali ritos sacrificiais que não comportavam oblações animais. Pode-se dizer o mesmo das libações de leite, vinho ou outro líquido,[24] que na Grécia[25] estavam sujeitas às mesmas distinções que os sacrifícios,[26] chegando até a fazer suas vezes.[27] A identidade dessas diferentes operações foi tão bem percebida pelos hindus que mesmo aos objetos oferecidos nesses diferentes casos atribuía-se identidade: todos eram igualmente considerados vivos e tratados como tais. Assim, num sacrifício suficientemente solene, no momento em que grãos são triturados suplica-se que não se vinguem do sacrificante pelo mal que lhes é feito. Quando bolos são postos sobre cacos de louça para assar, suplica-se que não se despedacem;[28] quando são cortados, implora-se que não firam o sacrificante e os sacerdotes. Quando se faz uma libação de leite (e todas as libações hindus são feitas com leite ou um de seus produtos), não é uma coisa inanimada que se oferece, mas a própria vaca em sua substância, sua seiva, sua fecundidade.[29]

Chegamos então à seguinte fórmula: *o sacrifício é um ato religioso que mediante a consagração de uma vítima modifica o estado da pessoa moral que o efetua ou de certos objetos pelos quais ela se interessa.*[30]

Para brevidade da exposição, denominaremos *sacrifícios pessoais* aqueles em que a personalidade do sacrificante é diretamente afetada pelo sacrifício e *sacrifícios objetivos* aqueles em que objetos, reais ou ideais, recebem imediatamente a ação sacrificial.

Essa definição não só delimita o objeto de nossa pesquisa como nos fixa num ponto muito importante: com efeito, ela supõe a unidade genérica dos sacrifícios. Assim, como deixávamos prever, quando censuramos a Smith reduzir o sacrifício expiatório ao sacrifício comunial não foi para estabelecer a diversidade original e irredutível dos sistemas sacrificiais. É que a unidade deles, mesmo sendo real, não é tal como ele a representava.

No entanto, esse primeiro resultado afigura-se em contradição com a infinita variedade que as formas do sacrifício parecem apresentar à primeira vista. As ocasiões de sacrificar são inúmeras e os efeitos desejados muito diferentes, e a multiplicidade dos fins implica a dos meios. Assim é que se adquiriu o hábito, sobretudo na Alemanha, de classificar os sacrifícios em certas categorias distintas: fala-se, por exemplo, de sacrifícios expiatórios (*Sühnopfer*), de sacrifícios de ação de graças (*Dankopfer*), de sacrifícios-demandas (*Bittopfer*) etc. Mas na verdade os limites dessas categorias são indecisos, sobrepostos, muitas vezes indiscerníveis; as mesmas práticas se verificam em certo grau em todas. De nossa parte, não tomaremos nenhuma das classificações correntemente empregadas, já que a nosso ver não resultam de uma pesquisa metódica. Sem tentar estabelecer uma nova, que estaria exposta às mesmas objeções, nos contentaremos aqui em usar, para dar uma ideia da diversidade dos sacrifícios, uma das classificações dadas pelos textos hindus.

A mais instrutiva é talvez aquela que divide os sacrifícios em constantes e ocasionais.[31] Os sacrifícios ocasionais são em primeiro lugar os sacramentais (*samskâr*), isto é, os que acompanham os momentos solenes da vida. Alguns desses sacrifícios fazem parte do ritual doméstico (exposto nos *grhya sutras*), e são realizados por ocasião do nascimento, da tonsura ritual, da partida do pupilo, do casamento etc. Outros fazem parte do ritual solene: a unção do rei e o sacrifício é que conferem a qualidade religiosa e civil considerada superior a todas as outras.[32] Em segundo lugar há os sacrifícios votivos, cujo caráter ocasional é ainda mais marcado.[33] Por fim, há os sacrifícios curativos e expiatórios. Quanto aos sacrifícios constantes (*nityâni*), ou melhor, periódicos, estão ligados a certos momentos fixos, independentes da vontade dos homens e do acaso das circunstâncias. Tais são o sacrifício diário, o sacrifício da lua nova e da lua cheia, os sacrifícios das festas sazonais e pastoris e das primícias de fim de ano. Uns e outros geralmente se verificam no ritual solene e no ritual doméstico, com as diferenças que a solenidade de um e o caráter familiar do outro comportam.

Veja-se a quão diversas ocasiões os brâmanes fizeram servir os sacrifícios. Mas ao mesmo tempo eles perceberam tão claramente sua unidade que fizeram desta a base de sua teoria. Quase todos os textos do ritual solene têm o mesmo plano: exposição de um rito fundamental que é progressivamente diversificado para responder às diferentes necessidades.[34] Assim, os *çrauta sutras* e os *brâhmanas* que os comentam partem da descrição geral do conjunto dos ritos que constituem o sacrifício dos bolos nas luas nova e cheia, e é esse esquema que adaptam sucessivamente, modificando-o conforme as circunstâncias, a todas as cerimônias que comportam um sacrifício de bolo. Desse modo, um sacrifício de bolo constitui a cerimônia essencial tanto das festas sazonais, cujos aspectos já são de si numerosos e variados (sacrifícios à natureza, sacrifícios de purificação, de consumo dos primeiros grãos etc.), quanto de toda uma série de sacrifícios votivos.[35] E aqui não há apenas um artifício de exposição, mas um sentido real da flexibilidade do sistema sacrificial. Com efeito, tome-se o sacrifício animal solene. Nós o encontramos isolado ou combinado com outros, nos casos mais diversos: nas festas periódicas da natureza e da vegetação, em ritos ocasionais, no momento da construção do altar, em ritos destinados a redimir a pessoa. Veja-se agora o sacrifício do *soma*.[36] Como o *soma* só é apto ao sacrifício na primavera, não poderia prestar-se senão a uma festa periódica,[37] e no entanto ele é sacrificado para uma série de finalidades que podem depender ou não dos votos e das ocasiões: a cada primavera, por ocasião da consagração de um rei, para alcançar uma posição social mais elevada, para tornar-se invulnerável e vitorioso, para escapar de infortúnios que poderiam ser crônicos. Do mesmo modo, ritos de sentido contrário podem ter o mesmo formato: razões internas devem ter sido a causa de que a vaca estéril, sacrifício a Rudra, deus mau, pelos brâmanes, seja sacrificada da mesma maneira que o bode aos deuses celestes e bons, Agni e Soma.[38]

O ritual hebreu fornece exemplos não menos impressionantes da complexidade dos ritos e da identidade de seus elementos. O Levítico reduz todos os sacrifícios a quatro formas fundamentais: *ôlâ*, *hattât*, *shelamin* e *minhâ*.[39] Os nomes de duas delas são significativos. O *hattât* era o sacrifício que servia particularmente para expiar o pecado chamado *hattât* ou *hataah*, do qual o Levítico nos oferece uma definição infelizmente bastante vaga.[40] O *shelamin*[41] (segundo os *Setenta*, versão grega da Bíblia, θυσία εἰρηνική) é um sacrifício comunial, sacrifício de ação de graças, de aliança, de voto. Quanto aos termos *ôlâ* e *minhâ*, são puramente descritivos. Cada um deles lembra uma das operações particulares do sacrifício: o segundo, a apresentação da vítima, caso ela seja de natureza vegetal; o primeiro, o envio da oferenda à divindade.[42]

Essa simplificação do sistema dos sacrifícios[43] certamente é o resultado de uma classificação demasiado particular, e de resto demasiado arbitrária, para servir de base a um estudo geral do sacrifício. Na verdade, essas quatro formas típicas não são, ou pelo menos não são mais, tipos reais de sacrifícios, mas elementos abstratos nos quais um dos órgãos do sacrifício se acha particularmente desenvolvido e que sempre podem entrar em fórmulas mais complexas. O ritual decompôs as cerimônias suscitadas a cada ocasião de sacrifício numa pluralidade de sacrifícios simples ou que se reputavam como tais. Por exemplo, o sacrifício da ordenação do sumo sacerdote[44] compõe-se de um *hattât*, sacrifício expiatório, de uma *ôlâ*, sacrifício em que a vítima é queimada por inteiro, e de um sacrifício do carneiro das consagrações que é um *zebah shelamin*, sacrifício comunial. O sacrifício para a purificação das parturientes compreende um *hattât* e uma *ôlâ*.[45] O sacrifício para a purificação do leproso comporta ritos análogos aos da consagração do sacerdote.[46] Eis então dois sacrifícios, um dos quais parece ser expiatório e o outro comunial, que resultam em ritos semelhantes. Assim, mesmo essas duas ideias irredutíveis, de expiação e de comunhão, de comunicação de um caráter sagrado ou de expulsão de um caráter contrário, não podem fornecer a base de uma classificação geral e rigorosa dos sacrifícios. Buscaríamos talvez em vão exemplos de sacrifícios expiatórios nos quais não se introduzisse nenhum elemento comunial ou de sacrifícios comuniais que não se assemelhassem em nenhum aspecto aos sacrifícios expiatórios.[47]

Encontramos pois a mesma ambiguidade não somente nos sacrifícios complexos, mas também nos sacrifícios elementares do Pentateuco. O *zebah shelamin*[48] é um sacrifício comunial, mas algumas partes da vítima (o sangue, a gordura, algumas vísceras) são sempre postas de lado, destruídas ou interditadas. Um membro é sempre comido pelos sacerdotes. A vítima do *hattât* pode ser atribuída por inteiro aos sacerdotes;[49] na ausência do sacrificante, os sacrificadores comungam. No *hattât* celebrado para a consagração ou a purificação do templo ou do altar, o sangue da vítima serve para ungir as portas e as paredes. Esse rito lhes transmite a consagração.[50] Um rito do mesmo tipo se verifica no *zebah shelamin* da ordenação: uma unção de sangue muito semelhante é feita sobre Aarão e seus filhos.[51]

Esses exemplos mostram a afinidade entre práticas que, pela natureza de seu objeto e de seus resultados, parecem ser as mais opostas. Há continuidade entre as formas do sacrifício. Elas são ao mesmo tempo muito diversas e muito semelhantes para que seja possível dividi-las em grupos muito caracterizados. Todas têm o mesmo núcleo, e é isso que faz a sua unidade. São os invólucros de um mesmo mecanismo que vamos agora desmontar e descrever.

2. O ESQUEMA DO SACRIFÍCIO

A ENTRADA

Evidentemente, não podemos pensar em traçar aqui um esquema abstrato do sacrifício que seja completo o bastante para convir a todos os casos conhecidos, pois a variedade dos fatos é demasiado grande. Tudo o que é possível fazer é estudar determinadas formas de sacrifício, suficientemente complexas para que todos os momentos importantes do drama estejam nelas reunidos e suficientemente conhecidas, a fim de que uma análise precisa possa ser feita. O sacrifício que nos parece melhor responder a essa condição é o sacrifício animal védico. Com efeito, não conhecemos outro cujos detalhes se expliquem melhor. Todos os personagens são muito claramente apresentados, tanto nos momentos de sua introdução e saída quanto no curso da ação. Ademais, é um rito amorfo: não está orientado num sentido determinado, podendo servir a fins os mais diversos. Sendo portanto o sacrifício que melhor se presta à pesquisa que queremos empreender, dele faremos a sua base, agrupando em torno dessa análise outros fatos tomados seja da própria Índia, seja de outras religiões.

O sacrifício é um ato religioso que só pode se efetuar num meio religioso e por intermédio de agentes essencialmente religiosos. Ora, antes da cerimônia, em geral, nem o sacrificante, nem o sacrificador, nem o lugar, nem os instrumentos, nem a vítima têm esse caráter no grau que convém. Assim, a primeira fase do sacrifício tem por objeto conferir-lhes esse caráter. Eles são profanos, e é preciso que mudem de estado. Para tanto, são necessários ritos que os introduzam no mundo sagrado e ali os comprometam mais ou menos profundamente, conforme a importância do papel que desempenharão a seguir. É isso que constitui, segundo a expressão mesma dos textos sânscritos,[52] *a entrada no sacrifício.*

1) *O sacrificante.* Para examinar como essa mudança de estado se produz no sacrificante, tomemos de imediato um caso extremo, quase anormal, que não pertence ao ritual do sacrifício animal, mas em que os ritos comuns são como que ampliados e, por essa razão, mais facilmente observáveis. É o caso da *diksâ*, isto é, da preparação do sacrificante para o sacrifício do *soma.*[53]

Assim que os sacerdotes são escolhidos, inicia-se toda uma série de cerimônias simbólicas que progressivamente irão despojar o sacrificante do ser temporal que ele era para fazê-lo renascer sob espécies inteiramente novas. Tudo o que diz respeito aos deuses deve ser divino, e o sacrificante é obrigado a tornar-se ele próprio deus para ter condições de agir sobre eles.[54] Constrói-se-lhe então uma cabana especial, estritamente fechada, pois o *dîksita* é um deus e o mundo dos deuses está separado do mundo dos homens.[55] Raspam-lhe os pelos, cortam-lhe as unhas,[56] mas à maneira dos deuses, isto é, numa ordem inversa daquela que habitualmente seguem os homens.[57] Após um banho purificatório[58] ele veste uma roupa de linho nova,[59] indicando-se desse modo que uma nova existência vai começar para ele. Depois, tendo recebido várias unções,[60] ele é coberto com a pele do antílope negro.[61] É o momento solene em que o novo ser desperta nele. Ele se tornou feto. Cobrem-lhe a cabeça com um véu e fazem-no fechar o punho,[62] pois em seu envoltório o embrião tem o punho fechado; fazem-no ir e vir em volta do fogo como o feto se agita no útero. Permanece nesse estado até a grande cerimônia da introdução do *soma*.[63] Então abre os punhos e descobre a cabeça: ele nasceu para a existência divina, ele é deus.

Mas sua natureza divina, uma vez proclamada,[64] lhe confere direitos e lhe impõe os deveres de um deus, ou pelo menos de um santo. Ele não deve ter relações com os homens das castas impuras nem com as mulheres, não responde a quem o interroga, não pode ser tocado.[65] Tornando-se um deus, ele está dispensado de todo sacrifício. Toma apenas leite, alimento de jejum. E essa existência dura longos meses até que seu corpo se torne diáfano. Então, tendo como que sacrificado seu antigo corpo,[66] tendo chegado ao último grau da superexcitação nervosa, ele está apto a sacrificar e as cerimônias começam.

Na verdade, essa iniciação complicada e de longo prazo, requerida para cerimônias de uma gravidade excepcional, constitui apenas uma ampliação. Mas a reencontramos, com menos exagero, nos ritos preparatórios do sacrifício animal ordinário. Nesse caso não é necessário que o sacrificante seja divinizado, mas sempre é preciso que ele se torne sagrado. Eis por que aí também ele tem os pelos raspados, banha-se, abstém-se de toda relação sexual, jejua, faz vigília etc.[67] E mesmo esses ritos mais simples têm o seu sentido claramente indicado pelas interpretações dadas pelas preces que os acompanham e pelos comentários brâmanes. Lemos logo no início do *Çatapatha Brâhmana*: "[O sacrificante] lava a boca... Pois antes disso ele é impróprio ao sacrifício... Pois as águas são puras. Ele se torna puro no interior... Ele passa do mundo dos homens ao mundo dos deuses".[68]

Esses ritos não são particulares aos hindus: o mundo semítico, a Grécia e Roma igualmente fornecem exemplos. Um certo grau de parentesco com o deus é inicialmente exigido dos que querem ser admitidos ao sacrifício.[69] Assim, o estrangeiro geralmente é excluído,[70] e com mais forte razão as cortesãs e os escravos[71] e frequentemente as mulheres.[72] Além disso, requer-se a pureza momentânea.[73] A aproximação da divindade é perigosa para quem não é puro.[74] No momento em que Javé vai aparecer no Sinai, o povo deve lavar suas roupas e permanecer casto.[75] Do mesmo modo, o sacrifício é precedido de uma purificação mais ou menos longa.[76] Ela consiste principalmente em aspersões de água lustral e em abluções,[77] e às vezes o sacrificante deve jejuar[78] e se purgar.[79] Deve vestir roupas limpas[80] ou mesmo roupas especiais[81] que lhe conferem um início de santidade. O ritual romano geralmente prescrevia o uso do véu, sinal de separação e portanto de consagração.[82] A coroa que o sacrificante punha na cabeça, ao mesmo tempo que afastava as más influências, marcava-o com um caráter sagrado.[83] Às vezes o sacrificante completava sua toalete raspando a cabeça e as sobrancelhas.[84] Todas essas purificações,[85] lustrações e consagrações preparavam o profano para o ato sagrado, eliminando de seu corpo os vícios da laicidade, retirando-o da vida comum e introduzindo-o passo a passo no mundo sagrado dos deuses.

2) *O sacrificador*. Há sacrifícios em que não participam outros atores senão o sacrificante e a vítima. Mas em geral ninguém ousa se aproximar diretamente e sozinho das coisas sagradas, por serem muito graves e elevadas. É necessário um intermediário ou pelo menos um guia:[86] o sacerdote. Mais familiarizado com o mundo dos deuses, ao qual está em parte vinculado por uma consagração prévia,[87] ele pode abordá-lo mais de perto e com menos temor do que o leigo, que possui máculas talvez desconhecidas. Ao mesmo tempo ele evita que o sacrificante cometa erros funestos. Há até mesmo casos em que o profano é excluído formalmente do santuário e do sacrifício.[88] Portanto, o sacerdote é por um lado o mandatário do sacrificante,[89] de quem compartilha o estado e apresenta as faltas.[90] Mas por outro lado ele é marcado por um selo divino:[91] traz o nome,[92] o título[93] ou as vestes[94] de seu deus; é seu ministro, sua encarnação mesma,[95] ou pelo menos o depositário de seu poder; é o agente visível da consagração no sacrifício. Em suma, ele está no limiar do mundo sagrado e do mundo profano e os representa simultaneamente: os dois se reúnem nele.

Em consequência desse caráter religioso, poder-se-ia pensar que o sacerdote pode entrar no sacrifício sem iniciação prévia. De fato, é o que ocorria na Índia. O brâmane chegava com sua natureza quase divina e portanto não tinha necessidade de uma consagração especial, salvo em circunstâncias extraordinárias,[96] quando havia uma preparação prévia. Esta apenas difere da que descrevemos a propósito do leigo por ser geralmente menos complexa. Como o sacerdote está naturalmente mais próximo do mundo sagrado, operações mais simples são suficientes para fazê-lo entrar ali por inteiro.

Entre os hebreus, o sacerdote, embora fosse ordenado, precisava tomar algumas precauções suplementares para poder sacrificar. Devia lavar-se antes de entrar no santuário[97] e abster-se de vinho e bebidas fermentadas antes da cerimônia.[98] Vestia roupas de linho[99] que retirava logo após o sacrifício[100] depositando-as num lugar consagrado, pois elas já eram por si mesmas uma coisa sagrada e temível, cujo contato era perigoso para os profanos.[101] Não obstante seu convívio habitual com o divino, o próprio sacerdote estava sempre ameaçado de morte sobrenatural,[102] como a que abateu os dois filhos de Aarão,[103] os de Eli[104] ou os sacerdotes da família de Baithos.[105] Ao aumentar sua santidade pessoal,[106] ele facilitava sua abordagem do santuário e munia-se de salvaguardas.

Mas ele não se santificava apenas para si mesmo: santificava-se também para a pessoa ou sociedade em nome da qual agia. Devia tomar tanto mais precauções por expor, a um só tempo, a si mesmo e a aqueles que substituía. Isso era particularmente acentuado na festa do Grande Perdão.[107] Nesse dia, com efeito, o sumo sacerdote representa o povo de Israel. Ele pede perdão ao mesmo tempo para si e para Israel: para si e sua família com o novilho, para Israel com os dois bodes.[108] É depois dessa expiação que ele, fazendo defumar o incenso, transpõe o véu do santuário e encontra Deus na nuvem.[109] Funções assim tão graves requeriam preparações muito especiais, relacionadas ao papel quase divino que o sacerdote cumpria. Guardadas as proporções, esses ritos se assemelham aos da *diksâ* de que falávamos há pouco. Sete dias antes da festa o sumo sacerdote se isola de sua família,[110] permanecendo na cela dos *paredri* (assessores).[111] Como o sacrificante hindu, ele é objeto de toda sorte de cuidados. Na véspera, é cercado de anciãos que lhe leem a seção da Bíblia em que é exposto o ritual do Kipur. Dão-lhe um pouco de comer e conduzem-no a uma câmara especial,[112] onde o deixam após tê-lo feito jurar em nada modificar os ritos. "Depois se separavam, ele e eles, chorando".[113] A noite toda ele deve velar,[114] pois o sono é um momento durante o qual máculas involuntárias podem ser contraídas.[115] Assim, todo o ritual pontifício tende para um só fim: imbuir o sumo sacerdote de uma santificação extraordinária,[116] que lhe permita abordar o deus ante o propiciatório e carregar o fardo dos pecados que serão acumulados sobre sua cabeça.

3) *O lugar, os instrumentos*. Não basta que o sacrificante e o sacerdote sejam santificados para que o sacrifício propriamente dito possa começar. Este não pode se realizar em qualquer momento, lugar ou circunstância. Assim, nem todos os momentos do dia ou do ano são igualmente propícios aos sacrifícios, e há mesmo alguns que os excluem. Na Assíria, por exemplo, eles eram interditos nos dias 7, 14 e 21.[117] A hora da celebração diferia conforme a natureza e o objeto da cerimônia. Às vezes o sacrifício devia ser oferecido de dia[118] e às vezes ao entardecer e à noite.[119]

O próprio local da cena deve ser sagrado: fora de um local santo a imolação não é mais que um assassinato.[120] Quando o sacrifício se faz num templo[121] ou num local já sagrado por si mesmo, as consagrações prévias são inúteis ou ao menos muito reduzidas. É o caso do sacrifício hebreu tal como estabelecido pelo ritual do Pentateuco: ele era celebrado num santuário único, consagrado antecipadamente,[122] escolhido pela divindade[123] e divinizado por sua presença.[124] Desse modo, os textos que chegaram até nós não contêm nenhuma disposição relativa à santificação repetida do lugar do sacrifício. Mesmo assim era preciso manter a pureza e a santidade do templo e do santuário: sacrifícios diários[125] e uma cerimônia expiatória anual respondiam a essa necessidade.[126]

Entre os hindus não havia templo. Cada um podia escolher o lugar que quisesse para sacrificar,[127] mas esse lugar devia estar previamente consagrado mediante alguns ritos, dos quais o mais essencial era aquele que consistia em dispor os fogos.[128] Não o descreveremos em detalhe. As cerimônias complexas que o constituem visam criar um fogo no qual entrem apenas elementos puros, já consagrados a Agni.[129] Um desses fogos chega a ser aceso por fricção, a fim de que seja inteiramente novo.[130] Nessas condições ele possui uma virtude mágica que afasta os gênios maus, os malefícios e os demônios. O fogo é matador de demônios, mas dizer isso ainda é pouco: ele é deus; é Agni em sua forma completa.[131] Do mesmo modo, segundo certas lendas bíblicas o fogo do sacrifício não é outra coisa senão a própria divindade que devora a vítima ou, para dizer mais exatamente, o sinal da consagração que a inflama.[132]

O que o fogo do sacrifício hindu tem de divino comunica-se portanto ao local sacrificial e o consagra.[133] Essa localização consiste num espaço retangular bastante vasto, chamado *vihâra*,[134] e no interior desse espaço acha-se um outro, chamado *vedi*, cujo caráter sagrado é ainda mais eminente e que corresponde ao altar. A *vedi* tem assim uma posição mais central que os fogos. Estes, ao contrário do que ocorre na maioria dos outros cultos, não estão no próprio altar, mas em volta dele.[135] Os contornos da *vedi* são cuidadosamente desenhados no chão;[136] para isso pega-se uma pá (ou, noutros casos, o sabre de madeira mágico) e toca-se levemente a terra, dizendo: "O mau está morto".[137] Toda impureza é assim destruída; o círculo mágico é traçado e o local está consagrado. Dentro dos limites assim demarcados, o terreno é escavado e nivelado, e esse buraco é que constitui o altar. Após uma lustração, ao mesmo tempo expiatória e purificatória, cobre-se o fundo do buraco com diferentes espécies de ervas rasteiras. É nessa relva que vêm sentar-se os deuses aos quais se dirige o sacrifício; é aí que, invisíveis e presentes, assistem à cerimônia.[138]

Não insistiremos nos diversos instrumentos[139] que são depositados no altar[140] depois de terem sido ou fabricados no decorrer da sessão ou cuidadosamente purificados.[141] Mas há um que deve reter nossa atenção, pois na verdade faz parte do altar:[142] o *yûpa*, o poste ao qual vai ser atado o animal. Não é uma matéria bruta; a árvore de que foi feito já possuía por si mesma uma natureza divina,[143] que unções e libações ainda reforçaram.[144] Esse poste também ocupa uma posição eminente, pois é nele que será atado o mais importante de todos os personagens visíveis que tomarão parte na cerimônia:[145] a vítima. Assim, os bramanas o representam como um dos pontos onde convergem e se concentram todas as forças religiosas que estão em jogo no sacrifício. Por seu tronco estirado ele lembra a maneira pela qual os deuses subiram ao céu;[146] por sua parte superior, confere poder sobre as coisas celestes; por sua parte mediana, sobre as coisas da atmosfera; por sua parte inferior, sobre as da terra.[147] Mas ao mesmo tempo ele representa o sacrificante: é a estatura do sacrificante que determina suas dimensões.[148] Quando ele é ungido, unge-se o sacrificante; quando é firmado, firma-se o sacrificante.[149] Nele se opera, de uma maneira mais marcada do que no sacerdote, a comunicação, a fusão dos deuses e do sacrificante, que se tornará ainda mais completa na vítima.[150]

A cena está agora disposta. Os atores estão prontos, e a entrada da vítima dará início à peça. Mas antes de introduzi-la precisamos assinalar um caráter essencial do sacrifício: a perfeita continuidade que ele deve ter. A partir do momento em que começou,[151] deve prosseguir até o final sem interrupção e na ordem ritual. É preciso que todas as operações de que se compõe se sucedam sem lacuna e estejam em seu lugar. As forças em ação, se não se dirigem exatamente no sentido prescrito, escapam do sacrificante e do sacerdote e se voltam contra eles, terríveis.[152] Mesmo essa continuidade exterior dos ritos não é suficiente.[153] É preciso ainda uma espécie de igual constância no estado de espírito em que se encontram o sacrificante e o sacrificador em relação aos deuses, à vítima e ao voto cuja execução se demanda.[154] Eles devem ter uma confiança inabalável no resultado automático do sacrifício. Em suma, trata-se de efetuar um ato religioso com um pensamento religioso: a atitude interna deve corresponder à atitude externa.[155] Vê-se que desde o princípio o sacrifício exige um *credo* (*çraddhâ* equivale a *credo*, mesmo foneticamente), que o ato implica a fé.[156]

Dizíamos há pouco que a construção do altar no rito hindu consiste em traçar no chão um círculo mágico. Na verdade, todas as operações que acabamos de passar em revista têm o mesmo objeto. Consistem em traçar como que uma série de círculos mágicos concêntricos, interiores ao espaço sagrado. No círculo exterior está o sacrificante, e depois vêm, sucessivamente, o sacerdote, o altar e o poste. Na periferia, no leigo em cujo interesse o sacrifício é feito, a religiosidade é pequena, mínima. Esta vai crescendo à medida que o espaço no qual se desenvolve vai se comprimindo. Toda a vida do ambiente sacrificial se organiza assim e se concentra em torno de um mesmo centro; tudo converge para a vítima que agora vai aparecer. Tudo está pronto para recebê-la e ela é trazida.

Às vezes a vítima era sagrada em razão mesmo de seu nascimento; a espécie a que pertencia estava unida à divindade por laços especiais.[157] Tendo assim um caráter divino congênito, não havia necessidade de que o adquirisse especialmente para a circunstância. Mais frequentemente, porém, eram necessários determinados ritos para colocá-la no estado religioso exigido pelo papel ao qual estava destinada. Em alguns casos em que a vítima fora designada com muita antecedência essas cerimônias se realizavam antes que ela fosse conduzida ao lugar do sacrifício.[158] Mas na maioria das vezes ela ainda não tinha nada de sagrado nesse momento, e devia preencher certas condições que a tornassem apta a receber a consagração: não devia ter defeitos nem enfermidades;[159] conforme os efeitos a produzir, devia ter determinada cor,[160] idade ou sexo.[161] Para fazer passar ao ato essa aptidão geral, para elevar a vítima ao grau de religiosidade requerido, era preciso então submetê-la a todo um conjunto de cerimônias.

Em alguns países a vítima era enfeitada,[162] penteada, pintada de branco, como o *bos cretatus* dos sacrifícios romanos. Douravam-lhe os chifres,[163] punham-lhe uma coroa, ornavam-na com faixas.[164] Esses ornamentos lhe transmitiam um caráter religioso. Às vezes, a indumentária chegava a assemelhá-la ao deus que presidia o sacrifício: tal era o propósito dos disfarces empregados nos sacrifícios agrários dos quais temos apenas sobrevivências.[165] Aliás, a semiconsagração assim conferida podia ser obtida de outro modo. No México[166] e em Rodes[167] embriagava-se a vítima. Essa embriaguez era um sinal de possessão, o espírito divino invadindo já a vítima.

Mas o ritual hindu nos permitirá seguir melhor toda a série de operações no curso das quais a vítima é progressivamente divinizada. Depois de a banharem,[168] introduzem-na enquanto fazem diversas libações.[169] Dirigem-lhe então a palavra com epítetos laudatórios, rogando-lhe tranquilizar-se.[170] Ao mesmo tempo, invoca-se o deus, dono dos rebanhos, pedindo-lhe consentir que se sirva de sua propriedade como vítima.[171] Essas precauções, propiciações e honorificações têm uma dupla finalidade. Primeiro, indicam o caráter sagrado da vítima; ao qualificá-la como coisa excelente, como propriedade dos deuses, faz-se que ela o seja. Mas trata-se sobretudo de induzi-la a se deixar sacrificar pacificamente para o bem dos homens, a não se vingar depois de ter morrido. Esses costumes, infinitamente frequentes,[172] não significam, como foi dito, que o animal sacrificado é sempre um antigo animal totêmico. A explicação é mais imediata. Há na vítima um espírito que o sacrifício busca precisamente liberar. É preciso pois conciliar-se com esse espírito, que de outro modo poderia se tornar perigoso quando livre; daí as lisonjas e escusas preliminares.

A seguir, ata-se a vítima ao poste. Nesse momento, o caráter sagrado que ela está em via de adquirir já é tal que o brâmane não pode mais tocá-la com as mãos e o próprio sacrificador hesita em se aproximar, de modo que precisa ser convidado e encorajado a isso por uma fórmula especial que lhe dirige um sacerdote.[173]

Mas para levar aos últimos limites essa religiosidade já bastante elevada são necessárias três séries de ritos. Faz-se que o animal beba água,[174] pois a água é divina, e purificam-no com aspersões em cima, embaixo, por toda parte.[175] Em seguida ungem-no com manteiga derretida na cabeça, na cernelha e nos dois quartos dianteiros, no traseiro e entre os chifres. Essas unções correspondem às que se faziam com óleo no sacrifício hebreu, na cerimônia da *mola salsa* em Roma e, na Grécia, aos οὐλαί ou grãos de cevada que os assistentes lançavam sobre o animal.[176] Do mesmo modo, verificam-se um pouco em toda parte libações análogas às que acabamos de mencionar. Com as unções visa-se produzir um acúmulo de santidade sobre a cabeça da vítima. Depois dessas lustrações e unções, por fim, o ritual védico prevê uma cerimônia que tem por efeito encerrar a vítima dentro de um último círculo mágico, mais estreito e mais divino que os outros. Um sacerdote acende uma tocha no fogo dos deuses e com ela ronda três vezes em volta do animal. Esse movimento era feito na Índia em torno de todas as vítimas, com ou sem o fogo. Era o deus Agni que cercava o animal por todos os lados, sacralizando-o, separando-o.[177] Conquanto assim avançasse no mundo dos deuses, a vítima devia permanecer em contato com o mundo dos homens. O meio empregado para assegurar essa comunicação é fornecido, nas religiões que estudamos aqui, pelos princípios da simpatia mágica e religiosa. Algumas vezes há representação direta, natural: um pai é representado pelo filho que ele sacrifica etc.[178] Em geral, cabendo sempre ao sacrificante ter feito os encargos pessoalmente, há por isso mesmo uma representação mais ou menos completa.[179] Mas noutros casos a associação da vítima e do sacrificante realiza-se por um contato material entre o sacrificante (às vezes o sacerdote) e a vítima. No ritual semítico esse contato é obtido pela imposição das mãos, e em outros por ritos equivalentes.[180] Em consequência dessa aproximação, a vítima, que já representava os deuses, passa a representar também o sacrificante. Mas ainda é pouco dizer que ela o representa: ela se confunde com ele; as duas personalidades se fundem. A partir de agora a identificação é tal que, pelo menos no sacrifício hindu, o destino da vítima, sua morte próxima, tem como que um efeito de retorno sobre o sacrificante. Disso resulta para este uma situação ambígua: ele precisa tocar o animal para permanecer unido com ele mas tem medo de tocá-lo, pois assim se expõe a partilhar seu destino. O ritual resolve a dificuldade com um meio-termo: o sacrificante só toca a vítima por intermédio de um dos instrumentos do sacrifício.[181] É assim que a aproximação do sagrado e do profano, que vimos se processar progressivamente com os diversos elementos do sacrifício, se completa na vítima.

Eis que chegamos ao ponto culminante da cerimônia. Todos os elementos do sacrifício estão dados e acabam de ser postos em contato uma última vez. Mas resta efetuar a operação suprema.[182] A vítima já é eminentemente sagrada, mas o espírito que está nela, o princípio divino que ela agora contém, ainda está preso em seu corpo e ligado por esse último vínculo ao mundo das coisas profanas. A morte irá desfazer esse vínculo, tornando a consagração definitiva e irrevogável. É o momento solene.

É um crime que começa, uma espécie de sacrilégio. Assim, alguns rituais prescreviam libações e expiações enquanto a vítima era conduzida ao lugar de sua morte.[183] As pessoas se escusavam do ato que iam cumprir, gemiam pela morte do animal,[184] pranteavam-no como a um parente. Pediam-lhe perdão antes de abatê-lo; dirigiam-se ao resto da espécie à qual ele pertencia como a um vasto clã familiar ao qual se suplicava não vingar o dano que se lhe causaria na pessoa de um de seus membros.[185] Sob a influência das mesmas ideias,[186] chegava-se a punir o autor da morte: batiam nele[187] ou o exilavam. Em Atenas, o sacerdote do sacrifício das *Bouphonia* fugia jogando fora seu machado; todos os que haviam participado do sacrifício eram citados no Pritaneu [palácio dos magistrados] e lançavam a culpa uns aos outros; por fim condenava-se o cutelo, que era lançado ao mar.[188] Aliás, as purificações a que devia se submeter o sacrificador após o sacrifício assemelhavam-se à expiação do criminoso.[189]

Uma vez que o animal é colocado na posição prescrita e orientado no sentido determinado pelos ritos,[190] todos se calam. Na Índia, os sacerdotes se viram; o sacrificante e o oficiante se viram,[191] murmurando mantras propiciatórios.[192] Não se ouve senão a voz única do sacerdote a proferir ordens ao sacrificador. Este então aperta o laço que envolve a garganta do animal[193] – "acalma sua respiração",[194] como diz o eufemismo empregado. A vítima está morta; o espírito partiu.

Os ritos de morte eram extremamente variáveis, mas cada culto exigia que fossem escrupulosamente observados. Modificá--los era quase sempre uma heresia funesta, punida com a excomunhão e a morte.[195] É que com a morte do animal liberava-se uma força ambígua, ou melhor, cega, perigosa pela simples razão de ser uma força. Era preciso pois limitá-la, dirigi-la e domá-la. Para isso é que serviam os ritos. Na maioria das vezes a vítima tinha a nuca ou o pescoço cortado.[196] O apedrejamento era um rito antigo que na Judeia veio a reaparecer somente em casos de execução penal, e na Grécia somente na condição de testemunha, no ritual de algumas festas.[197] Alhures a vítima era espancada[198] ou enforcada.[199] As precauções nunca eram demasiadas numa operação tão grave. Em geral desejava-se que a morte fosse imediata: apressava-se a passagem da vítima de sua vida terrestre para a sua vida divina a fim de não dar tempo para que as más influências corrompessem o ato sacrificial. Se os gritos do animal eram tidos como maus presságios, procurava-se abafá-los ou conjurá--los.[200] Para evitar possíveis desvios da consagração desencadeada buscava-se controlar a efusão do sangue consagrado,[201] cuidando para que caísse apenas no lugar propício[202] ou mesmo fazendo que não se derramasse uma única gota.[203] Mas também acontecia de não se fazer caso dessas precauções. Em Metídrio, na Arcádia, o rito ordenava dilacerar a vítima.[204] Podia-se mesmo ter interesse em prolongar sua agonia.[205] A morte lenta, como a morte brusca, podia diminuir a responsabilidade do sacrificador; pelas razões que mencionamos, os rituais eram engenhosos em encontrar-lhe circunstâncias atenuantes. Os ritos eram mais simples quando em vez de um animal se sacrificavam apenas bolos e farinha. A oblação era lançada no fogo inteira ou em parte.

Com essa aniquilação efetuava-se o ato essencial do sacrifício. A vítima separava-se definitivamente do mundo profano; estava *consagrada*, *sacrificada*, no sentido etimológico da palavra, e as diversas línguas chamavam *santificação* o ato que a elevava a esse estado. Ela mudava de natureza, como Demofonte, Aquiles e o filho do rei de Biblos quando Deméter, Tétis e Ísis consumiam no fogo a sua humanidade.[206] Sua morte era aquela da fênix:[207] ela renascia sagrada. Mas o fenômeno que se passava nesse momento tinha uma outra face. Se por um lado o espírito estava liberado, tendo passado completamente para o mundo dos deuses, "atrás do véu", por outro, o corpo do animal permanecia visível e tangível; e em virtude da consagração ele também estava pleno de uma força sagrada que o excluía do mundo profano. Em suma, a vítima sacrificada se assemelhava aos mortos, cuja alma residia ao mesmo tempo no outro mundo e no cadáver. Assim, seus restos eram cercados de um religioso respeito:[208] honras lhes eram prestadas. A morte deixava atrás de si uma matéria sagrada, a qual servia, como veremos, para desdobrar os efeitos úteis do sacrifício. Para isso era submetida a uma dupla série de operações. O que sobrevivia do animal era atribuído por inteiro ao mundo sagrado ou ao mundo profano ou ainda partilhado entre um e outro.

A atribuição ao mundo sagrado – divindades protetoras ou demônios maléficos – realizava-se de diversas maneiras. Uma delas consistia em colocar materialmente em contato certas partes do corpo do animal e o altar do deus ou alguns objetos que lhe eram especialmente consagrados. No *hattât* hebraico do Dia do Kipur, tal como é descrito nos primeiros versículos do capítulo IV do Levítico,[209] o sacrificador molha o dedo no sangue que lhe é apresentado, faz sete aspersões diante de Javé, isto é, sobre o véu, e põe um pouco de sangue sobre os chifres do altar dos incensos, no interior do santuário.[210] O resto era derramado ao pé do altar da *ôlâ*, na entrada. No *hattât* ordinário, o sacerdote colocava o sangue sobre os chifres do altar da *ôlâ*.[211] O sangue das vítimas da *ôlâ* e dos *shelamin* era simplesmente derramado ao pé do altar.[212] Noutros lugares, besuntava-se com ele a pedra sagrada ou a figura do deus.[213] Nos sacrifícios gregos às divindades aquáticas fazia-se escorrer o sangue na água[214] ou então ele era recolhido numa taça e despejado no mar.[215] Quando a vítima fora esfolada, podia-se vestir o ídolo com sua pele.[216] Esse rito era particularmente observado nas cerimônias em que se sacrificava um animal sagrado, qualquer que fosse a forma dada ao ídolo.[217] Em todo caso, apresentava-se a vítima morta assim como fora apresentada antes da consagração.[218] Na *ôlâ*, os auxiliares cortavam a vítima em pedaços e os levavam junto com a cabeça ao sacerdote oficiante, que os depunha sobre o altar.[219] No ritual dos *shelamin*, as partes apresentadas recebiam nomes significativos: *teroumâ*, oferenda elevada, *tenouphâ*, oferenda corrompida.[220]

A incineração era um outro meio. Em todos os sacrifícios hebreus, assim como o sangue era inteiramente atribuído por meio de aspersão ou efusão,[221] a gordura e as vísceras eram queimadas no fogo do altar.[222] As porções assim consagradas ao deus que personificava a consagração chegavam-lhe como fumaça de odor agradável.[223] Quando o deus intervinha no sacrifício, supunha-se que ele comia real e substancialmente a carne sacrificada, "seu alimento".[224] Os poemas homéricos nos mostram os deuses participando dos banquetes sacrificiais.[225] A carne cozida,[226] reservada ao deus, lhe era apresentada e colocada à sua frente. Ele devia consumi-la. Na Bíblia, várias vezes o fogo divino se eleva e faz desaparecer as carnes dispostas no altar.[227]

Quanto à carne que restava após essas destruições preliminares, outras atribuições eram feitas. O sacerdote tomava a sua porção,[228] mas esta também era uma porção divina. Os redatores do

Pentateuco se preocuparam com saber se a vítima do *hattât* devia ser queimada ou comida pelos sacerdotes. Segundo o Levítico,[229] Moisés e os filhos de Aarão tiveram discordâncias sobre esse ponto.[230] Portanto, os dois ritos tinham visivelmente o mesmo sentido. Do mesmo modo, nos sacrifícios expiatórios romanos os sacerdotes comiam a carne.[231] No *zebah shelamin* os sacerdotes conservavam as partes especialmente apresentadas a Javé, o quarto dianteiro e o peito,[232] a *tenouphâ* e a *teroumâ*. As porções reservadas aos sacerdotes só podiam ser comidas por eles e suas famílias, e num local sagrado.[233] Os textos gregos contêm muitas informações, não menos precisas, sobre as partes das vítimas e das oblações reservadas aos sacrificadores.[234] É verdade que os ritos se mostram às vezes muito pouco exigentes, podendo os sacerdotes levar sua porção para suas casas e também fazer dinheiro com a pele das vítimas, de modo que essas atribuições acabam por se assemelhar a um emolumento. Contudo, há razões para acreditar que mesmo nesses casos os sacerdotes eram agentes e representantes do deus. Assim, os oficiantes de Baco dilaceravam e devoravam as vítimas quando estavam possuídos.[235] Deve-se talvez considerar como porções sacerdotais diversas atribuições feitas pelos reis[236] ou por famílias sagradas.[237]

A incineração e o consumo pelo sacerdote tinham o fito de eliminar completamente do ambiente temporal as partes do animal. Como a alma, que a imolação anteriormente havia liberado, também elas eram dirigidas ao mundo sagrado. Havia casos em que a destruição e a eliminação resultante incidiam sobre o corpo inteiro e não apenas sobre algumas de suas partes. Na *ôlâ* hebraica e no holocausto grego[238] a vítima era inteiramente queimada no altar ou no local sagrado, sem que nada fosse separado. Após ter lavado as vísceras e os membros do animal, o sacerdote os queimava.[239] O sacrifício era por vezes chamado de *kalil*, isto é, completo.[240]

Entre os casos de destruição total, alguns apresentam uma fisionomia especial: a imolação da vítima e a destruição de seu corpo se operavam de uma só vez. Tais eram os sacrifícios por precipitação. Ao lançar-se um animal num abismo, ao precipitá-lo da torre de uma cidade ou do alto de um templo,[241] realizava-se *ipso facto* a separação brutal que era o sinal da consagração.[242] Esse tipo de sacrifício geralmente era dirigido às divindades infernais ou aos gênios ruins. Tratava-se sobretudo de afastar portadores de influências más, de suprimi-los do real. É certo que a ideia de atribuição não estava de todo ausente da operação. Concebia-se vagamente que a alma da vítima, com todos os poderes maléficos que portava, ia juntar-se ao mundo dos poderes maléficos – é assim que o bode do Grande Perdão era devotado a Azazel.[243] Mas o essencial era eliminá-la, expulsá-la. Também ocorria de se efetuar a expulsão sem que houvesse morte. Em Lêucade [ilha da Grécia] previa-se que a vítima escapasse, mas na verdade ela era exilada.[244] A ave solta nos campos no sacrifício da purificação dos leprosos, na Judeia,[245] e o βούλιμος[246] expulso das casas e da cidade, em Atenas, eram sacrificados dessa maneira. Apesar da diferença dos ritos, acontece aqui o mesmo fenômeno observado no altar da *ôlâ* em Jerusalém, em que a vítima ascende inteiramente como fumaça diante da face de Javé. Em ambos os casos ela é separada e desaparece completamente, embora não se dirija para as mesmas regiões do mundo religioso nos dois casos.

Mas quando os restos da vítima não eram atribuídos por inteiro seja aos deuses, seja aos demônios, eram utilizados para comunicar aos sacrificantes ou aos objetos do sacrifício as virtudes religiosas que a consagração sacrificial havia suscitado. As operações que vamos descrever correspondem àquelas que encontramos no início da cerimônia. Vimos então o sacrificante, pela imposição das mãos, passar à vítima algo de sua personalidade. Agora é a vítima, ou o que resta dela, que irá passar ao sacrificante as novas qualidades que adquiriu pelo sacrifício. Essa comunicação podia ser obtida por uma simples bênção,[247] mas em geral recorria-se a ritos mais materiais, tais como aspersão do sangue,[248] aposição da pele,[249] unções de gordura[250] e contato com os resíduos da cremação.[251] Às vezes o animal era cortado em dois e o sacrificante passava pelo meio.[252] Mas o modo mais perfeito de realizar a comunicação era entregar ao sacrificante uma parte da vítima para consumi-la.[253] Ele assimilava as características do todo ao comer uma parte. Aliás, assim como havia casos em que tudo era queimado para o deus, havia outros em que o sacrificante recebia a totalidade da oblação.[254]

Todavia, os direitos do sacrificante sobre a parte da vítima que lhe era entregue eram limitados pelo ritual.[255] Na maioria das vezes ele devia consumi-la num tempo determinado. O Levítico permite comer os restos da vítima um dia depois da cerimônia do sacrifício do voto (neder) e do sacrifício chamado nedabâ (oferenda voluntária). Mas se ainda houvesse restos no terceiro dia eles deveriam ser queimados: aquele que os comesse pecaria gravemente.[256] Em geral a vítima deve ser comida no dia mesmo do sacrifício;[257] quando este ocorre ao anoitecer, nada deve restar

47

na manhã seguinte – caso do sacrifício da Páscoa.[258] Havia na Grécia restrições análogas, como nos sacrifícios θεοῖς τοῖς Μειλιχίοις aos deuses ctonianos em Myonia, na Fócida.[259] Além disso, a refeição sacrificial só podia ser realizada no recinto do santuário.[260] Essas precauções destinavam-se a impedir que os restos da vítima, sendo sagrados, entrassem em contato com as coisas profanas. Ao mesmo tempo que defendia a santidade dos objetos sagrados, a religião protegia o vulgo contra a malignidade deles. Se era admitido que o sacrificante, embora profano, os tocasse e comesse, é que a consagração, ao santificá-lo, o colocara em condições de fazer isso sem perigo. Mas os efeitos de sua consagração duravam apenas um certo tempo, após o qual se dissipavam; daí a necessidade de que o consumo se desse num prazo determinado. Inutilizados, os restos deviam ser, se não destruídos, pelo menos guardados e vigiados.[261] Mesmo os resíduos da cremação que não pudessem ser destruídos nem utilizados não eram lançados ao acaso: eram depositados em locais especiais, protegidos por interdições religiosas.[262]

O estudo do sacrifício animal hindu, cuja descrição interrompemos, apresenta um conjunto – raramente realizado – de todas essas práticas: tanto daquelas que dizem respeito à atribuição aos deuses quanto das que concernem à comunicação com os sacrificantes.

Imediatamente após a asfixia da vítima, sua pureza sacrificial é assegurada por um rito especial. Um sacerdote conduz para perto do corpo estendido a mulher do sacrificante, que assistiu à cerimônia,[263] e em meio a diversas lavagens "faz beber" a cada um dos orifícios do animal as águas de purificação.[264] Isso feito, começa o esquartejamento. Ao primeiro golpe do cutelo o sangue se esvai e deixa-se que extravase: é a porção destinada aos maus gênios – "És a parte dos *raksas*".[265]

Vem então a cerimônia que visa atribuir ao deus a parte essencial da vítima: a *vapâ* – em termos médicos, o grande epíploo.[266] Esta é arrancada rapidamente, com todo tipo de precauções e propiciações, e conduzida em procissão como uma vítima, o sacrificante permanecendo sempre ao lado do sacerdote que a transporta.[267] É então cozida junto ao fogo sagrado e faz-se que a gordura, ao derreter, verta gota a gota sobre o fogo. Diz-se que ela cai "sobre a pele do fogo",[268] isto é, de Agni, e como Agni é encarregado de transmitir as oferendas aos deuses trata-se de uma primeira porção atribuída a eles.[269] Uma vez cozida e cortada, e depois que as necessárias invocações foram feitas, a *vapâ* é lançada ao fogo[270] em meio a bênçãos e reverências. Trata-se de uma nova porção para os deuses. Essa segunda atribuição é tratada em si mesma como uma espécie de sacrifício completo,[271] de modo que se pedem escusas junto à *vapâ* assim como fora feito junto à vítima no momento da imolação. Nesse ponto volta-se ao animal: ele é esfolado e sua carne é cortada em dezoito pedaços,[272] que são postos a cozinhar juntos. A gordura, o caldo e a espuma[273] que flutuam no pote onde se realiza esse cozimento são para o deus ou o casal de deuses a que se dirige esse sacrifício: tudo isso é sacrificado no fogo. O que assim se destrói representa formalmente, mais uma vez, a vítima por inteiro;[275] é uma nova eliminação total do animal que se efetua dessa maneira.

Dos dezoito pedaços que serviram para fazer essa sopa, alguns são retirados e atribuídos ainda a várias divindades ou personalidades míticas.[276] Mas sete dessas porções servem a um fim bem diferente:[277] é por meio delas que será comunicada ao sacrificante a virtude sagrada da vítima.[278] Essas porções constituem o que se chama *idâ*, que é igualmente o nome da deusa que personifica os rebanhos e distribui a fortuna e a fecundidade.[279] A mesma palavra designa portanto essa divindade e a porção sacrificial.[280] É que no curso da cerimônia a deusa vem nela se encarnar, tal como se descreve a seguir. Coloca-se a *idâ* nas mãos previamente ungidas de um sacerdote; [281] os outros sacerdotes e o sacrificante se aproximam e tocam-na.[282] Enquanto estão nessa posição, invoca-se a deusa.[283] Trata-se aqui de uma invocação no sentido próprio e técnico da palavra (*vocare in*, chamar para dentro). A divindade não é apenas convidada a participar do sacrifício, mas a descer sobre a oferenda. É uma verdadeira transubstanciação que se opera. Ao chamado que lhe é dirigido, a deusa vem e traz consigo todas as forças míticas: as do sol, do vento, da atmosfera, do céu, da terra, dos rebanhos etc. É assim que, como diz um texto,[284] consome-se na *idâ* (porção sacrificial) tudo o que há de bom no sacrifício e no mundo. Então o sacerdote, que a segurava nas mãos, come sua parte[285] e a seguir o sacrificante faz o mesmo.[286] Todos permanecem em silêncio até que o sacrificante tenha enxaguado a boca,[287] e depois[288] distribuem-se as outras porções aos sacerdotes que representam cada qual um deus.[289]

Uma vez distinguidos nos rituais que acabam de ser comparados os ritos de atribuição aos deuses e os de utilização pelos homens, convém assinalar sua analogia. Uns e outros são feitos das mesmas práticas, envolvendo as mesmas manobras: a aspersão do sangue, a aposição da pele – num caso sobre o altar ou o ídolo e noutro sobre o sacrificante ou os objetos do sacrifício – e a comunhão alimentar, fictícia e mítica no que concerne aos deuses, real no que concerne aos homens. No fundo, essas diferentes operações são todas substancialmente idênticas. Uma vez imolada a vítima, trata-se de pô-la em contato seja com o mundo sagrado, seja com as pessoas ou coisas que devem se beneficiar do sacrifício. A aspersão, o toque e a aposição dos despojos não são senão maneiras diferentes de estabelecer um contato que a comunhão alimentar leva a seu mais alto grau de intimidade, pois produz não uma simples aproximação exterior, mas uma mistura das duas substâncias, que se absorvem uma na outra a ponto de se tornarem indiscerníveis.

Se os dois ritos analisados são de tal forma semelhantes, é que os objetos visados de parte a parte também são análogos. Nos dois casos trata-se de fazer que a força religiosa que as sucessivas consagrações acumularam no objeto sacrificado se comunique, de um lado, com o domínio do religioso e, de outro, com o domínio profano, ao qual pertence o sacrificante. Os dois sistemas de ritos contribuem, cada um num sentido, para estabelecer essa continuidade que nos parece ser, feita essa análise, uma das características mais notáveis do sacrifício. A vítima é o intermediário pelo qual a corrente se estabelece. Graças a ela, todos os seres que participam do sacrifício se unem, todas as forças que nele intervêm se confundem.

E mais: há não somente semelhança, mas estrita solidariedade entre essas duas formas de práticas de atribuição. As primeiras são a condição das segundas. Para que a vítima possa ser utilizada pelos homens, é preciso que os deuses tenham recebido sua parte.

E essa parte, com efeito, é portadora de uma tal santidade que o profano, apesar das consagrações prévias que numa certa medida o elevaram para além de sua natureza ordinária e normal, não pode tocá-la sem perigo. Cumpre assim rebaixar em alguns graus essa religiosidade que está nela e que a torna inutilizável para os simples mortais. A imolação já havia atingido esse resultado parcialmente. De fato, era no espírito que essa religiosidade estava mais eminentemente concentrada. Uma vez que o espírito se vai, a vítima se torna mais abordável, pode-se manipulá-la com menos precauções. Havia inclusive sacrifícios em que todo perigo desaparecia desde então: aqueles nos quais o animal era inteiramente utilizado pelo sacrificante, sem que nada fosse atribuído aos deuses. Mas noutros casos essa primeira operação não bastava para descarregar a vítima o quanto era necessário. Era preciso então empreender ainda uma outra para eliminar, na direção das regiões do sagrado, o que nela permanecera de demasiado perigoso; era preciso, como diz o ritual hindu, fazer uma espécie de novo sacrifício.[290]

Por fim, os numerosos ritos praticados sobre a vítima podem ser resumidos, em seus traços essenciais, num esquema bastante simples. Começa-se por consagrá-la. Depois faz-se que as energias nela suscitadas e concentradas por essa consagração escapem, umas em direção aos seres do mundo sagrado, outras em direção aos seres do mundo profano. A série de estados pelos quais passa a vítima poderia então ser figurada por uma curva que se eleva a um grau máximo de religiosidade, no qual permanece só um instante, e daí torna a descer progressivamente. Veremos que o sacrificante passa por fases homólogas.[291]

A SAÍDA

Os efeitos úteis do sacrifício foram produzidos, mas nem tudo terminou. O grupo de pessoas e coisas que circunstancialmente se formou em torno da vítima não tem mais razão de ser, mas é preciso que ele se dissolva lentamente, sem choques. Como foram os ritos que criaram esse grupo, somente os ritos podem recolocar em liberdade os elementos que o formaram. Os laços que uniram os sacerdotes e o sacrificante à vítima não foram rompidos pela imolação: todos aqueles que participaram do sacrifício adquiriram um caráter sagrado que os isola do mundo profano. É necessário que possam retornar a esse mundo, que saiam do círculo mágico onde ainda estão encerrados. Além disso, durante as cerimônias podem ter sido cometidas faltas que é preciso apagar antes de retomar a vida comum. Os ritos mediante os quais se opera a saída do sacrifício são exatamente simétricos aos que observamos por ocasião da entrada.[292]

No sacrifício animal hindu, como aliás em todos os sacrifícios do mesmo ritual, essa última fase é muito claramente marcada. Sacrifica-se o que resta de manteiga e gordura espalhadas sobre a relva;[293] destroem-se no fogo sacrificial alguns instrumentos,[294] a relva do sacrifício,[295] o bastão do recitante, as tabuletas que cercavam a *vedi*;[296] despejam-se as águas de lustração que não foram usadas. Depois de reverenciar o poste,[297] faz-se sobre ele uma libação. Às vezes ele é levado para casa, eventualmente para purificar faltas rituais, ou então é queimado como a relva.[298] Destrói-se pelo fogo tudo o que tenha restado das oferendas e limpam-se e recolhem-se os utensílios.[299] Somente o espeto que serviu para queimar o coração é enterrado – caso particular do rito segundo o qual o instrumento do crime ou da dor deve ser escondido.[300]

Eis o que se passa com as pessoas. Os sacerdotes, o sacrificante e sua mulher se reúnem e se purificam, lavando as mãos.[301] O rito tem um duplo objeto: purificar-se pelas faltas que podem ter sido cometidas no sacrifício e também por aquelas que o sacrifício tinha por finalidade remir. Na verdade, abandona-se a religiosidade sacrificial. É isso o que exprime o rito do abandono do voto:[302] "Ó Agni, cumpri meu voto; igualei-me a meu voto, sou homem outra vez... Volto a descer do mundo dos deuses ao mundo dos homens".[303]

Uma forma exagerada do mesmo rito tornará mais aparente seu sentido: é o "banho de arrebatamento",[304] que termina o sacrifício do *soma* e é o contrário da *diksâ*. Depois que os instrumentos foram depostos, o sacrificante toma um banho numa enseada tranquila formada por água corrente.[305] Mergulham-se na água todos os restos do sacrifício, todos os ramos esmagados do *soma*.[306] O sacrificante desata o cinto sacrificial que havia posto por ocasião da *diksâ*, o laço que prendia certas peças da roupa da mulher, o turbante e a pele de antílope negro, as duas vestimentas do sacrifício, e mergulha tudo na água. Então ele e a mulher, com a água até o pescoço, tomam seu banho orando e lavando-se um ao outro, primeiro as costas, depois os membros.[307] Feito isso, eles saem do banho e vestem roupas novas.[308] Tudo passou então para a água, de modo a perder o caráter perigoso ou mesmo simplesmente religioso; as faltas rituais que podem ter sido cometidas são expiadas, bem como o crime praticado ao matar o deus Soma. Ora, se esse rito é mais complexo que o anterior, é da mesma natureza: os fatos e a teoria lhe atribuem a mesma função.

Os textos bíblicos, infelizmente, são menos completos e menos claros, mas neles se encontram algumas alusões às mesmas práticas. Na festa do Grande Perdão, o sumo sacerdote, depois de expulsar o bode de Azazel, reentrava no santuário e retirava sua vestimenta sagrada "a fim de que não propagasse a consagração"; lavava-se, vestia outras roupas, saía e sacrificava a *ôlâ*.[309] O homem que havia conduzido o bode banhava-se e lavava suas roupas.[310] Aquele que queimara os restos do *hattât* fazia o mesmo.[311] Ignoramos se os outros sacrifícios eram acompanhados de práticas semelhantes.[312] Na Grécia, depois dos sacrifícios expiatórios, os sacrificadores, que aliás se abstinham ao máximo de tocar a vítima, lavavam suas roupas num rio antes de voltar à cidade ou às suas casas.[313] Os utensílios que haviam servido ao sacrifício eram cuidadosamente lavados, quando não destruídos.[314] Essas práticas limitavam a ação da consagração. O fato de terem subsistido na missa cristã indica sua grande importância. Depois da comunhão o sacerdote lava o cálice e as mãos; terminada a missa, o ciclo se encerra e o oficiante pronuncia a fórmula final e liberadora: "*Ite, missa est*". O fiel e o sacerdote são liberados, assim como haviam sido preparados no início da cerimônia. Essas cerimônias correspondem inversamente às que marcaram a entrada no sacrifício, fazendo-lhes contrapeso.

Portanto, o estado religioso do sacrificante descreve uma curva simétrica àquela que percorre a vítima: ele começa por se elevar progressivamente na esfera do religioso até atingir um ponto culminante, a partir do qual torna a descer ao profano. Desse modo, cada um dos seres e dos objetos que desempenham um papel no sacrifício é como que arrastado por um movimento contínuo que, da entrada à saída, se processa em duas inclinações opostas. No entanto, se as curvas assim descritas assumem a mesma configuração geral, não alcançam a mesma altura: aquela que descreve a vítima é naturalmente a que atinge o ponto mais elevado. Aliás, está claro que a importância dessas fases de ascensão e descida pode variar infinitamente conforme as circunstâncias. É o que mostraremos a seguir.

3. COMO O ESQUEMA VARIA SEGUNDO AS FUNÇÕES GERAIS DO SACRIFÍCIO

No que precede, construímos efetivamente um esquema, mas esse esquema não é uma simples abstração. Vimos que ele era realizado *in concreto* no caso do sacrifício animal hindu, e em torno desse rito pudemos agrupar um conjunto de ritos sacrificiais prescritos pelo ritual semítico e pelos rituais gregos e latinos. Na verdade, ele constitui a matéria comum de que são feitas as formas mais especiais do sacrifício. Conforme o fim visado, conforme a função que ele deve cumprir, as partes que o compõem podem se dispor segundo proporções diferentes e numa ordem diferente; umas podem adquirir mais importância em detrimento de outras e algumas podem mesmo estar totalmente ausentes. Daí nasce a diversidade dos sacrifícios, mas sem que haja diferenças específicas entre as diversas combinações. São sempre os mesmos elementos agrupados de outro modo ou desenvolvidos de forma desigual. É o que iremos tentar mostrar a propósito de alguns tipos fundamentais.

Já que o sacrifício tem por finalidade afetar o estado religioso do sacrificante ou do objeto do sacrifício, pode-se afirmar *a priori* que as linhas gerais de nosso desenho devem variar de acordo com o que é esse estado no início da cerimônia. Suponhamos primeiramente que ele seja neutro: antes da cerimônia, o sacrificante (e o que dele dizemos poderia se repetir para o objeto, no caso do sacrifício objetivo) não está investido de nenhum caráter sagrado; o sacrifício tem então por função fazê-lo adquirir esse caráter. É o que acontece, em particular, nos sacrifícios de iniciação e de ordenação, nos quais há grande distância entre o ponto de onde parte o sacrificante e aquele onde deve chegar. Assim, as cerimônias de introdução são necessariamente bastante desenvolvidas. O sacrificante entra passo a passo, com precaução, no mundo sagrado. Inversamente, como a consagração é então mais desejada do que temida, haveria o risco de diminuí-la ao limitá-la e circunscrevê-la muito estritamente. É preciso que o sacrificante, mesmo de volta à vida profana, conserve algo do que adquiriu durante o sacrifício. As práticas de saída são portanto reduzidas à sua mais simples expressão, e podem mesmo desaparecer completamente. O Pentateuco não as assinala quando descreve os ritos de ordenação dos sacerdotes, dos levitas. Na missa cristã, elas sobrevivem apenas na forma de purificações suplementares. Aliás, as mudanças produzidas por esses sacrifícios têm uma duração mais ou menos longa. Às vezes são constitucionais e implicam uma verdadeira metamorfose. Dizia-se que o homem que tocasse as carnes da vítima humana sacrificada a Zeus Lycaios (o *lobo*) no Liceu era transformado em lobo, como Licaonte o fora após ter sacrificado um filho.[315] É pela mesma razão que esses sacrifícios se verificam nos ritos de iniciação, isto é, naqueles que têm por objeto introduzir uma alma num corpo.[316] Em todo caso, no final da cerimônia o sacrificante se achava marcado por um caráter sagrado que às vezes implicava interdições especiais. Esse caráter podia até mesmo ser incompatível com outros do mesmo gênero. Assim, em Olímpia, o homem que depois de ter sacrificado a Pélope comia carnes da vítima não tinha o direito de sacrificar a Zeus.[317]

Essa primeira característica é solidária de uma outra. O fim de todo rito é aumentar a religiosidade do sacrificante. Para isso é preciso associá-lo à vítima o mais intimamente possível, pois é graças à força que a consagração nela acumulou que o sacrificante adquire o caráter desejado. Podemos dizer que nesse caso o caráter, cuja comunicação é a finalidade mesma do sacrifício, vai *da vítima ao sacrificante* (ou ao objeto). Assim, é depois da imolação que eles são postos em contato, ou pelo menos é nesse momento que se dá o contato mais importante. Certamente, pode ser que uma imposição das mãos estabeleça um vínculo entre o sacrificante e a vítima antes que esta seja destruída, mas às vezes (no *zebah shelamin* por exemplo) esse contato é totalmente ausente e em todo caso secundário. O mais essencial é aquele que se produz quando o espírito partiu. É então que se pratica a comunhão alimentar.[318] Poderíamos chamar de "sacrifícios de sacralização" os sacrifícios desse tipo. A mesma denominação convém aos que têm por efeito não criar de uma só vez um caráter sagrado no sacrificante, mas simplesmente aumentar um caráter preexistente.

Não é raro porém que o homem que vai sacrificar já esteja marcado por um caráter sagrado, do que resultam interdições rituais que podem ser contrárias a seus intentos. A mácula[319] que ele contrai por não observar as leis religiosas ou pelo contato com coisas impuras é uma espécie de consagração.[320] O pecador, como o criminoso, é um ser sagrado.[321] Se ele sacrifica, a finalidade do sacrifício, ou pelo menos uma de suas finalidades, é livrá-lo dessa mácula. É a expiação. Mas notemos um fato importante: do ponto de vista religioso, doença, morte e pecado são idênticos. As faltas rituais são em sua maior parte sancionadas pelo infortúnio ou pelo mal físico.[322] E, inversamente, supõe-se que estes são causados por faltas cometidas consciente ou inconscientemente. A consciência religiosa, mesmo a de nossos contemporâneos, nunca separou bem a infração às regras divinas e suas consequências materiais sobre o corpo, sobre a situação do culpado, sobre seu futuro no outro mundo. Dessa forma, podemos tratar como concomitantes os sacrifícios curativos e os sacrifícios puramente expiatórios. Uns e outros têm por objeto fazer passar à vítima, graças à continuidade sacrificial, a impureza religiosa do sacrificante e eliminá-la com ela.

Assim, a forma mais elementar da expiação é a eliminação pura e simples. Desse gênero são a expulsão do bode de Azazel e a da ave no sacrifício da purificação do leproso. No Dia do Perdão escolhiam-se dois bodes. O sumo sacerdote, após diversos *hattât*, punha as duas mãos na cabeça de um deles, confessava sobre ele os pecados de Israel e depois o enviava ao deserto. O bode levava consigo os pecados que lhe eram comunicados pela imposição das mãos.[323] No sacrifício da purificação do leproso[324] o sacrificador tomava duas aves. Cortava o pescoço de uma delas acima de um vaso de argila contendo água. A outra era molhada nessa água sangrenta, com a qual uma aspersão era feita sobre o leproso. A ave viva era então solta e levava a lepra consigo. O doente precisava fazer apenas uma ablução; ele estava purificado e curado. O *hattât* apresenta uma eliminação igualmente clara nos casos em que os restos da vítima eram levados para fora do acampamento e queima-dos completamente.[325] Os sacrifícios medicinais hindus apresen-tam casos análogos.[326] Para curar a icterícia[327] prendem-se pássaros amarelos sob o leito do paciente e lustra-se este último de tal modo que a água caia sobre os pássaros, que se põem a pipilar. Como diz o hino mágico, é nesse momento que o amarelo da icterícia está "nos pássaros amarelos".[328] Ultrapassemos um pouco esse estágio demasiado material do rito e consideremos um homem que tem uma má sorte. Emprega-se uma série de ritos, alguns deles pura-mente simbólicos,[329] mas outros que se aproximam do sacrifício. Prende-se à pata esquerda "de um galo preto"[330] um gancho, ao gancho um bolo, e diz-se ao soltar a ave:[331] "Voe daqui, ó má sorte,[332] afasta-te daqui! Voe para outra parte, sobre aquele que nos odeia. Com este gancho de ferro nós te prendemos".[333] A tara do sacrifi-cante se fixa na ave e desaparece com ela, seja porque se afasta, seja porque recai sobre o inimigo.[334]

Mas há um caso em particular no qual se vê claramente que o caráter assim eliminado é essencialmente religioso: o do "touro no espeto",[335] vítima expiatória do deus Rudra. Rudra é o senhor dos animais, aquele que pode destruí-los, a eles e aos homens, pela peste ou pela febre. É portanto um deus perigoso.[336] Ora, como deus do gado ele existe no rebanho, ao mesmo tempo que o cerca e o ameaça. Para afastá-lo, concentram-no no mais belo dos touros do rebanho. Esse touro torna-se o próprio Rudra, e é enaltecido, sagrado e homenageado como tal.[337] Depois, pelo menos segundo algumas escolas, ele é sacrificado fora da aldeia, à meia-noite, num bosque.[338] Dessa maneira, Rudra é eliminado:[339] o Rudra dos animais foi juntar-se ao Rudra dos bosques, dos campos e das encruzilhadas. Assim, é claramente a expulsão de um elemento divino que o sacrifício teve por objeto.

Em todos esses casos, o caráter cuja transmissão se opera pelo sacrifício não vai da vítima ao sacrificante,[340] mas, ao contrário, do sacrificante à vítima. É nela que ele se descarrega. Desse modo, é antes da imolação, e não depois, que se dá o contato, pelo menos aquele realmente essencial. Uma vez descarregado na vítima, o sacrificante tende a evitá-la, assim como ao ambiente onde se passou a cerimônia. Por essa razão, os ritos de saída são mais extensos. Os ritos desse gênero que assinalamos no ritual hebreu foram apresentados apenas para sacrifícios expiatórios. Depois do primeiro sacrifício que o purificou, o leproso deve completar sua purificação com uma ablução suplementar e mesmo com um novo sacrifício.[341] Já os ritos de entrada são restritos ou ausentes. Estando já investido de um caráter religioso, o sacrificante não precisa adquiri-lo. A religiosidade com que está marcado vai diminuindo progressivamente desde o começo da cerimônia. O movimento ascensional que encontramos no sacrifício completo é rudimentar ou inexistente. Trata-se portanto de um outro tipo de sacrifício, no qual entram os mesmos elementos presentes no sacrifício de sacralização; contudo, esses elementos estão orientados em sentido contrário e suas respectivas importâncias são invertidas.

No que precede, supusemos que o caráter sagrado com que era marcado o sacrificante no início da cerimônia era para ele uma tara, uma causa de inferioridade religiosa, pecado, impureza etc. Mas há casos em que o mecanismo é exatamente o mesmo e no entanto o estado inicial é para o sacrificante uma fonte de superioridade, constituindo um estado de pureza. Em Jerusalém, o *nazîr*[342] era um ser perfeitamente puro; havia se consagrado a Javé por um voto em virtude do qual se abstinha de vinho e não mais cortava seus cabelos. Devia se preservar de toda mácula. Mas uma vez chegado ao término de seu voto[343] ele só pode sair mediante um sacrifício. Para isso toma um banho de purificação[344] e depois oferece um cordeiro em *ôlâ*, uma ovelha em *hattât* e um carneiro em *zebah shelamin*. Raspa os cabelos e os lança ao fogo onde cozinha a carne do *shelamin*.[345] Quando o sacrificador faz o *zebah shelamin*, põe nas mãos do *nazîr* a *teroumâ*, a *tenouphâ*, isto é, as partes consagradas, e um bolo da oferenda correspondente.[346] Essas oblações são então apresentadas a Javé. A seguir, diz o texto, o *nazîr* poderá beber vinho, ou seja, está desligado da consagração. Ela passou aos cabelos cortados e oferecidos no altar e à vítima que o representou. Tanto uma coisa quanto a outra foram eliminadas. O processo é portanto o mesmo que na expiação. O caráter sagrado, por mais alto que seja o valor religioso, vai do sacrificante à vítima. Por conseguinte, o sacrifício de expiação não é senão uma variedade particular de um tipo mais geral, que é independente do caráter favorável ou desfavorável do estado religioso afetado pelo sacrifício. Poder-se-ia chamá-lo *sacrifício de dessacralização*.

As coisas, como as pessoas, podem se achar num estado de tão grande santidade que se tornam inutilizáveis e perigosas, de modo que sacrifícios desse tipo se fazem necessários. É o caso em particular dos produtos do solo: toda espécie de frutos, cereais etc. é inteiramente sagrada, interdita, enquanto um rito, geralmente sacrificial, não tenha feito desaparecer a interdição que a protege.[347]

Com esse objetivo, concentra-se numa parte da espécie de frutos toda a virtude que as outras partes contêm. Depois sacrifica--se essa parte e isso basta para que as outras sejam liberadas.[348] Ou então, mediante duas etapas de dessacralização sucessivas, concentra-se nas primícias o conjunto da consagração para depois representar essas primícias por uma vítima que se elimina. Era o que acontecia, por exemplo, quando se traziam os primeiros frutos a Jerusalém.[349] Os habitantes de um distrito[350] traziam seus cestos em grupo. À frente do cortejo vinha um tocador de flauta. Os *cohanim* [sacerdotes] vinham ao encontro dos que chegavam e na cidade todos se levantavam à sua passagem, prestando homenagem às coisas sagradas que eles traziam. Atrás do tocador de flauta vinha um boi de chifres dourados coroado de oliveira. Esse boi, que talvez carregasse os frutos ou puxasse a carroça, era mais tarde sacrificado.[351] Chegando ao monte santo, cada um, "inclusive o rei Agripa em pessoa", pegava seu cesto e subia ao templo.[352] As pombas colocadas acima da oferenda serviam de holocausto,[353] e o que se trazia nas mãos era entregue ao sacerdote. Nesse caso, portanto, sobrepõem-se dois meios de afastar a santidade dos primeiros frutos: consagração no templo e sacrifício do boi e das pombas, personificações das virtudes que se supunha residir nesses frutos.

A associação que acabamos de fazer, entre o *nazîr* e a expiação individual, entre o caso dos primeiros frutos e o das outras coisas que devem ser desembaraçadas de um caráter religioso que na verdade é nocivo, nos leva a fazer uma observação importante. Já era um fato significativo que, de uma maneira geral, o sacrifício pudesse servir a duas finalidades tão contrárias: adquirir um estado de santidade e suprimir um estado de pecado. Como ele é feito dos mesmos elementos em ambos os casos, é preciso que não haja entre esses dois estados a nítida oposição que aí normalmente se percebe. Mas também acabamos de ver que dois estados, um de pureza perfeita, outro de impureza, podiam dar ensejo a um mesmo procedimento sacrificial, no qual os elementos não apenas são idênticos como se dispõem na mesma ordem e se orientam no mesmo sentido. Inversamente, aliás, acontece de um estado de impureza ser tratado, sob certas condições, como o estado oposto. É que assim isolamos apenas mecanismos elementares de tipos quase abstratos que na verdade são mais frequentemente solidários. Não seria de todo exato representar a expiação como uma eliminação pura e simples, na qual a vítima só desempenharia o papel de um intermediário passivo ou receptáculo. A vítima do sacrifício expiatório é mais sagrada que o sacrificante. Ela se imbui de uma consagração que nem sempre é diferente daquela que assume nos sacrifícios de sacralização. Assim, veremos ritos de sacralização e ritos expiatórios reunidos num mesmo sacrifício. A força que a vítima contém é de natureza complexa; no ritual hebraico, os resíduos da cremação da vaca ruça, que são reunidos num lugar puro, tornam impuro por seu contato um homem que se encontre em estado normal e no entanto servem para a purificação dos que contraíram certas máculas.[354] À mesma ordem de fatos pertencem algumas das comunicações que se estabelecem entre o sacrificante e a vítima após a morte sacrificial: há sacrifícios expiatórios nos quais, sendo a vítima esfolada, o sacrificante fica em contato com a pele da vítima ou a toca antes de estar completamente purificado. Outras vezes, arrasta-se a pele da vítima até o local onde é feita a expiação.[355] Em sacrifícios mais complexos, sobre os quais teremos ocasião de falar, a eliminação se complica com uma absorção. Em suma, bem examinado o sacrifício hebreu, a consagração da vítima se efetua do mesmo modo no *hattât* e na *ôlâ*. O rito da atribuição do sangue é simplesmente mais completo no primeiro sacrifício. E é significativo que, quanto mais completa a atribuição do sangue, mais perfeita seja a exclusão expiatória. Quando o sangue era levado ao santuário, a vítima era tratada como impura e queimavam-na fora do acampamento.[356] Caso contrário, era comida pelos sacerdotes como as porções consagradas do *shelamin*. Que diferença havia pois entre a impureza da vítima do primeiro sacrifício e o caráter sagrado da vítima do segundo? Nenhuma; ou melhor, havia uma diferença teológica entre os sacrifícios expiatórios e os sacrifícios de sacralização. No *hattât* e nos outros sacrifícios havia claramente atribuição do sangue ao altar, mas o altar estava dividido por uma linha vermelha. O sangue do *hattât* era derramado embaixo; o sangue do holocausto, em cima.[357] Havia duas religiosidades cuja distinção não era muito profunda.

É que de fato, como bem mostrou R. Smith, o puro e o impuro não são contrários que se excluem, mas dois aspectos da realidade religiosa. As forças religiosas se caracterizam por sua intensidade, sua importância, sua dignidade, e por conseguinte são separadas. É isso o que as constitui, mas o sentido no qual são exercidas não é necessariamente predeterminado por sua natureza. Elas podem ser exercidas tanto para o bem quanto para o mal, o que depende das circunstâncias, dos ritos empregados etc. Assim se explica como o mesmo mecanismo sacrificial pode satisfazer necessidades religiosas extremamente diferentes. Ele tem a mesma ambiguidade das próprias forças religiosas. É apto ao bem e ao mal; a vítima representa tanto a morte quanto a vida, a doença e a saúde, o pecado e o mérito, a falsidade e a verdade. Ela é o meio de concentração do religioso: exprime-o, encarna-o, transporta-o. É agindo sobre ela que se age sobre ele, que se dirige o religioso, seja atraindo-o e absorvendo-o, seja expulsando-o e eliminando-o. E explica-se do mesmo modo que, por procedimentos apropriados, essas duas formas da religiosidade possam se transformar uma na outra e que, em alguns casos, ritos que parecem opostos sejam às vezes quase indiscerníveis.

4. COMO O ESQUEMA VARIA SEGUNDO AS FUNÇÕES ESPECIAIS DO SACRIFÍCIO

Acabamos de mostrar como nosso esquema varia para se adaptar aos diferentes estados religiosos nos quais se acha o ser, seja ele qual for, afetado pelo sacrifício. Não nos preocupamos com saber o que era esse ser em si mesmo, mas apenas se ele tinha ou não um caráter sagrado antes da cerimônia. Entretanto, é fácil prever que o sacrifício não poderia ser o mesmo quando é feito em vista do próprio sacrificante ou de uma coisa pela qual este tem interesse. As funções que ele cumpre devem então se especializar. Vejamos que diferenciações se produzem nessa perspectiva.

Chamamos "pessoais" os sacrifícios que dizem respeito diretamente à pessoa mesma do sacrificante. Dessa definição resulta que todos eles apresentam um primeiro caráter comum: já que o sacrificante é a origem e o fim do rito, o ato começa e termina com ele. Trata-se de um ciclo fechado sobre o sacrificante. Certamente sabemos que há sempre, pelo menos, atribuição do espírito da coisa sacrificada ao deus ou ao poder religioso que age no sacrifício. Mas ainda ocorre que o ato efetuado pelo sacrificante o beneficia de um modo imediato.

Em segundo lugar, nesse tipo de sacrifícios o sacrificante melhorou sua sorte à saída da cerimônia, seja porque suprimiu o mal de que padecia, seja porque voltou a um estado de graça, seja ainda porque adquiriu uma força divina. De fato, há muitíssimos rituais em que uma fórmula especial, na saída ou no momento solene do sacrifício, exprime essa mudança, essa salvação que sobrevém,[358] a maneira como o sacrificante é transportado ao mundo da vida.[359] Acontece mesmo de a comunhão determinar como que uma alienação da personalidade. Ao comer a coisa sagrada onde o deus supostamente reside, o sacrificante o absorve, é possuído por ele, κάτοχος ἐκ τοῦ θεοῦ γίνεται,[360] como a sacerdotisa do templo de Apolo na acrópole de Argos depois de beber o sangue do cordeiro sacrificado. O sacrifício expiatório aparentemente não teria os mesmos efeitos. Mas na verdade o Dia "do Perdão" é também o "Dia de Deus". É o momento em que os que escapam do pecado pelo sacrifício são inscritos no "livro da vida".[361] Como no caso da sacralização, a corrente que se estabelece por meio da vítima entre o sagrado e o sacrificante regenera este último, dá-lhe uma nova força. Isso basta para que o pecado e a morte sejam eliminados, as forças favoráveis entrando em cena para o bem do sacrificante.

Essa regeneração pelo sacrifício pessoal deu origem a importantes crenças religiosas. Deve-se primeiro associar a ela a teoria do renascimento pelo sacrifício. Vimos os símbolos que fazem do *dîksita* um feto e depois um brâmane e um deus. Sabe-se a importância que tiveram as doutrinas do renascimento nos mistérios gregos, nas mitologias escandinavas e célticas, nos cultos osirianos, nas teologias hindus e avésticas e no próprio dogma cristão. Ora, na maioria das vezes essas doutrinas estão claramente ligadas ao cumprimento de certos ritos sacrificiais: o consumo do bolo de Elêusis, do *soma*, do *haoma* iraniano etc.[362]

Frequentemente uma mudança de nome marca essa recriação do indivíduo. Sabe-se que nas crenças religiosas o nome está intimamente ligado à personalidade de seu portador: ele contém algo de sua alma.[363] Ora, o sacrifício muitas vezes é acompanhado de uma mudança de nome. Em alguns casos essa mudança se reduz à adição de um epíteto. Na Índia, ainda hoje adquire-se o título de *dîksita*.[364] Mas às vezes o nome é completamente modificado. Na antiga Igreja, no dia da Páscoa os neófitos eram exorcizados e em seguida batizados; após esse batismo faziam-lhes comungar e impunham-lhes seus novos nomes.[365] Nas práticas judaicas, ainda hoje o mesmo rito é empregado quando a vida está em perigo,[366] e é provável que outrora lhe acompanhasse um sacrifício. Sabe-se que um sacrifício expiatório no momento da agonia existiu entre os judeus,[367] como aliás em todas as religiões sobre as quais estamos suficientemente informados.[368] É então natural pensar que mudança de nome e sacrifício expiatório faziam parte de um mesmo ritual complexo, exprimindo a profunda modificação que nesse momento se produzia na pessoa do sacrificante.

Essa virtude vivificante do sacrifício não se limita à vida neste mundo, mas se estende à vida futura. Ao longo da evolução religiosa a noção de sacrifício se juntou às noções relacionadas à imortalidade da alma. Nesse ponto nada temos a acrescentar às teorias de Rohde, Jevons e Nutt sobre os mistérios gregos, às quais devem ser associados os eventos citados por Lévi, extraídos das doutrinas dos bramanas,[369] e os que Bergaigne e Darmesteter já haviam identificado nos textos védicos[370] e avésticos.[371] Mencionemos também a relação que une a comunhão cristã à salvação eterna.[372] Contudo, por importantes que sejam esses fatos, não se deve exagerar seu alcance. Enquanto a crença na imortalidade não é separada da teologia primitiva do sacrifício, ela permanece vaga. É a "não morte" (*amrtam*) da alma que o sacrifício assegura. Ele é uma garantia contra o aniquilamento tanto na outra vida quanto nesta. Mas a noção de imortalidade pessoal só se separou daquela teologia a partir de uma elaboração filosófica, e ademais a concepção de uma outra vida não tem por origem a instituição do sacrifício.[373]

A quantidade, a variedade e a complexidade dos sacrifícios objetivos são tais que só podemos abordá-los bastante sumariamente. Com exceção do sacrifício agrário, cujo estudo já se encontra bastante avançado, teremos de nos contentar com indicações gerais que mostram como esses sacrifícios se ligam ao nosso esquema geral.

O traço característico dos sacrifícios objetivos é que o efeito principal do rito incide, por definição, sobre um objeto outro que não o sacrificante. De fato, o sacrifício não volta a seu ponto de partida: as coisas que ele visa modificar estão fora do sacrificante, de modo que o efeito produzido sobre este é secundário. Em vista disso, os ritos de entrada e saída, que visam particularmente o sacrificante, tornam-se rudimentares. É a fase central, o sacrifício em si, que tende a ganhar mais importância. Trata-se antes de tudo de criar um espírito,[374] seja para atribuí-lo ao ser real ou mítico relacionado ao sacrifício, seja para liberar uma coisa de uma virtude sagrada que a tornava inabordável, transformando-se essa virtude em espírito puro, seja ainda para buscar ambas as finalidades ao mesmo tempo.

Além disso, o sacrifício muda conforme a natureza particular do objeto visado. No sacrifício de construção,[375] por exemplo, propõe-se produzir um espírito que seja o guardião da casa, do altar ou da cidade que se constrói ou se quer construir e que lhe fortaleça.[376] Desenvolvem-se então ritos de atribuição. Emparedam-se o crânio da vítima humana, o galo, a cabeça de coruja. A importância da vítima varia segundo a natureza da construção – um templo, uma cidade ou uma simples casa. Conforme o edifício esteja construído ou por construir, o sacrifício terá por objeto criar o espírito ou a divindade guardiã ou então será uma propiciação do gênio do solo que as obras de construção vão lesar.[377] Por isso a cor da vítima também varia: por exemplo, é negra se se trata de propiciar o gênio da terra e branca se se quer criar um espírito favorável.[378] Mesmo os ritos de destruição não são idênticos nos dois casos.

No sacrifício-demanda busca-se sobretudo produzir certos efeitos especiais que o rito define. Se o sacrifício é a realização de uma promessa já feita, se é feito para desligar a pessoa do vínculo moral e religioso que pesa sobre ela, a vítima possui, em algum grau, um caráter expiatório.[379] Se se quer, ao contrário, comprometer a divindade por um contrato, o sacrifício tem antes a forma de uma atribuição:[380] o princípio é o "*do ut des*" [dou para que dês], e consequentemente não há parte reservada aos sacrificantes. Se é o caso de agradecer a divindade por uma graça particular,[381] o holocausto, isto é, a atribuição total, ou então o *shelamin*, isto é, o sacrifício em que uma parte resta ao sacrificante, podem ser de regra. A importância da vítima está em relação direta com a gravidade do voto, e suas características especiais dependem da natureza da coisa desejada: se se quer chuva, sacrificam-se vacas pretas[382] ou faz-se intervir no sacrifício um cavalo preto sobre o qual se derrama água[383] etc. Pode-se atribuir uma razão muito plausível para esse princípio geral. Aqui, como no ato mágico com que esses ritos se confundem em certos aspectos, o rito age no fundo por si mesmo. A força liberada é eficaz. A vítima se amolda à fórmula votiva, incorpora-se a ela, preenche-a, anima-a, leva-a aos deuses, torna-se o espírito, "o veículo".[384]

Não fizemos senão indicar como o tema do sacrifício varia com os diferentes efeitos que ele deve produzir. Vejamos então de que maneira os diversos mecanismos que distinguimos podem se reunir num único sacrifício. Os sacrifícios agrários constituem excelentes exemplos nesse sentido, pois, ainda que essencialmente objetivos, têm efeitos não menos importantes sobre o sacrificante.

Esses sacrifícios têm uma dupla finalidade. Em primeiro lugar, são destinados a permitir trabalhar a terra e utilizar seus produtos, revogando as interdições que os protegem. Em segundo lugar, são um meio de fertilizar os campos que se cultivam e de conservar sua vida quando, depois da colheita, se mostram despojados e como que mortos. Com efeito, os campos e seus produtos são considerados eminentemente vivos. Há neles um princípio religioso que adormece durante o inverno, reaparece na primavera e se manifesta na colheita, o que o torna de abordagem difícil aos mortais. Às vezes chega-se a representar esse princípio como um espírito que monta guarda em torno das terras e dos frutos; ele os possui, e é essa posse que constitui sua sacralidade. É preciso então eliminá-lo para possibilitar a colheita ou o uso dos frutos. Mas como ele é a vida mesma dos campos, também é preciso, depois de tê-lo expulso, recriá-lo e fixá-lo na terra que ele torna fértil. Os sacrifícios de dessacralização simples podem ser suficientes para a primeira dessas necessidades, mas não para a segunda. Dessa forma, os sacrifícios agrários têm em sua maior parte efeitos múltiplos. Neles se encontram reunidas diversas formas de sacrifícios. É um dos casos em que melhor se observa aquela complexidade fundamental do sacrifício sobre a qual nunca seria demais insistir. Assim, não pretendemos fazer nestas poucas páginas uma teoria geral do sacrifício agrário; não ousamos prever todas as exceções aparentes e não podemos deslindar a trama dos desenvolvimentos históricos. Vamos nos limitar à análise de um sacrifício bastante conhecido, que já foi objeto de alguns estudos. É o sacrifício a Zeus Polieus que os atenienses celebravam na festa conhecida como *Dipolia* ou *Bouphonia*.[385]

Essa festa[386] acontecia no mês de junho, no fim da colheita e no começo da debulha do trigo. A cerimônia principal se passava na acrópole, no altar de Zeus Polieus. Sobre uma mesa de bronze colocavam-se bolos a descoberto[387] e então soltavam-se bois, um dos quais se aproximava do altar, comia uma parte das oferendas e calcava o resto.[388] Imediatamente um dos sacrificadores o golpeava com um machado. Estando o boi abatido, um segundo sacrificador consumava sua morte cortando-lhe a garganta com um cutelo; outros o despojavam, enquanto o primeiro a golpear fugia. Após o julgamento no Pritaneu, de que já falamos, a carne do boi era partilhada entre os assistentes, a pele era recosida e forrada de palha e o animal assim empalhado era atrelado a uma charrua.

Essas práticas singulares prestaram-se à lenda. Três diferentes versões a atribuíram a três personagens diferentes: uma a

Diomos, sacerdote de Zeus Polieus, e as outras duas a Sopatros e a Thaulon,[389] que pareciam ser os ancestrais míticos dos sacerdotes desse sacrifício. Nas três versões o sacerdote deposita a oferenda no altar e um boi a apanha; furioso, o sacerdote golpeia o sacrílego e, sacrílego ele próprio, exila-se. A mais longa dessas versões é a que tem Sopatros por herói. Uma seca e uma escassez de alimentos são a consequência de seu crime. A pítia consultada responde aos atenienses que o exilado poderia salvá-los; que seria preciso punir o assassino, ressuscitar a vítima num sacrifício semelhante àquele no qual morrera e comer sua carne. Faz-se voltar Sopatros, restituem-se seus direitos para que ofereça o sacrifício e celebra-se a festa tal como a descrevemos.

Eis os fatos. Mas o que significam? Há três atos a distinguir nessa festa: a morte da vítima, a comunhão e a ressurreição da vítima.[390]

No começo da cerimônia depositam-se no altar bolos e cereais. São provavelmente as primícias do trigo sovado.[391] Essa oblação é análoga a todas as que permitem aos profanos o uso das colheitas. Toda a santidade do trigo se concentrou nos bolos.[392] O boi toca essa oferenda e a instantaneidade do golpe que o atinge mostra que a consagração passou para ele, fulminante. Ele encarnou o espírito divino alojado nas primícias que comeu. Torna-se esse espírito, de modo que matá-lo é um sacrilégio. A vítima do sacrifício agrário sempre simboliza os campos e seus produtos. Assim, ela é posta em relação com eles antes da conservação definitiva. No presente caso o boi come o bolo das primícias e noutros é levado através dos campos, ou então a vítima é morta com os instrumentos agrícolas ou semienterrada.

Mas os fatos devem ser considerados sob um outro aspecto. A vítima pode representar, ao mesmo tempo que o campo, os fiéis que vão profanar a colheita ao servir-se dela.[393] Não apenas os produtos da terra afastavam o sacrificante, mas este podia estar num tal estado que devia permanecer afastado. O sacrifício devia corrigir esse estado. Em alguns casos, práticas purificatórias tinham lugar na cerimônia. Uma confissão juntava-se então ao sacrifício.[394] Outras vezes o próprio sacrifício realizava essa espécie de expiação. Foi assim que a Páscoa se tornou um rito de remissão geral por ocasião do consumo das primícias. Não era só a vida dos primogênitos[395] dos homens que se redimia pelo sangue do cordeiro pascal,[396] mas também se livrava todo hebreu do perigo. Talvez se pudesse relacionar a esses fatos as lutas que os sacrificantes travavam entre si em algumas festas agrárias:[397] os golpes pareciam santificá-los, purificá-los e redimi-los. Há portanto no primeiro momento do rito[398] uma dupla operação: dessacralização do trigo colhido e sovado por meio da vítima que o representa; remissão dos ceifeiros e lavradores pela imolação dessa vítima que os representa.

Quanto às *Dipolia*, os documentos não fazem alusão a uma comunicação entre o sacrificante e a vítima antes da consagração. Mas ela se produz depois, mediante uma refeição comunial[399] que constitui uma nova fase da cerimônia. Depois que os sacrificadores foram absolvidos de seu sacrilégio, os assistentes podem ousar comungar. Lembremos que de acordo com o mito a pítia lhes havia aconselhado isso.[400] Vários sacrifícios agrários são seguidos de uma comunhão semelhante.[401] Mediante essa comunhão os sacrificantes das *Dipolia* participavam da natureza sagrada da vítima. Recebiam uma consagração atenuada, porque ela era partilhada e uma parte do boi permanecia intacta. Investidos do mesmo caráter sagrado das coisas que queriam usar, eles podiam se aproximar delas.[402] É por um rito desse gênero que os cafres de Natal e da Zululândia [sudeste da África] se permitem no início do ano o uso dos novos frutos: a carne de uma vítima é cozida com cereais, frutas e legumes, o rei põe um pouco na boca de cada homem e essa comunhão os santifica por todo o ano.[403] A comunhão da Páscoa tinha os mesmos resultados.[404] Nos sacrifícios celebrados antes da lavoura frequentemente dava-se ao lavrador uma porção da carne da vítima.[405] É certo que essa comunhão pode parecer inútil, pois o sacrifício prévio já teve por efeito profanar a terra e os cereais. Parece haver aí duplo emprego,[406] e de fato é possível que às vezes a comunhão fosse suficiente para obter o efeito desejado. Mas em geral ela sucede a uma dessacralização, que produz já uma primeira profanação. Isso é muito perceptível no rito hindu dos *Varunapraghâsas*. A cevada é consagrada a Varuna,[407] é seu alimento.[408] No passado, diz o mito, as criaturas a comeram e ficaram hidrópicas. Foi graças ao rito que mencionamos que elas escaparam a esse perigo.[409] Vejamos em que ele consiste.

Entre outras oferendas,[410] dois sacerdotes fazem com grãos de cevada duas estatuetas que têm a forma de um carneiro e de uma ovelha. O sacrificante e sua mulher colocam na ovelha e no carneiro – respectivamente – tufos de lã que representam seios e testículos, na maior quantidade possível.[411] Depois faz-se um sacrifício, acompanhado de oferendas de cevada; uma parte é atribuída a Varuna e o resto é comido solenemente. "Pelo sacrifício afasta-se"[412] Varuna, elimina-se-o, e livram-se os que comerem a cevada do "laço" com que ele os prenderia. Depois, comendo-se o que resta das estatuetas absorve-se o espírito mesmo da cevada. Portanto, a comunhão acrescenta-se claramente à dessacralização. Nesse caso e noutros similares certamente se teme que a profanação tenha sido incompleta e que o sacrificante tenha recebido apenas uma meia-consagração. O sacrifício estabelece um nível entre a santidade do objeto a pôr em uso e a do sacrificante.

Mas nos sacrifícios cuja finalidade é fertilizar a terra,[413] isto é, infundir-lhe uma vida divina ou tornar mais ativa a vida que ela pode ter, não se trata mais de eliminar um caráter sagrado: é preciso comunicá-lo. Os procedimentos de comunicação direta ou indireta estão portanto necessariamente implicados nesse tipo de operação. É preciso fixar no solo um espírito que o fecunde. Os Khonds [Índia central] sacrificavam vítimas humanas para assegurar a fertilidade das terras; as carnes eram divididas entre os diferentes grupos e enterradas nos campos.[414] Noutros lugares o sangue da vítima era derramado na terra.[415] Na Europa depositam-se no campo as cinzas da festa de São João, pão bento do dia de Santo Antônio[416] e ossos de animais mortos na Páscoa ou em outras festas.[417] Mas em geral nem toda vítima era empregada dessa maneira, e como nas *Bouphonia* os sacrificantes recebiam sua parte.[418] Às vezes ela lhes era até atribuída por inteiro. Era um modo de fazer o lavrador participar dos benefícios da consagração e talvez mesmo de confiar à sua guarda as forças que ele assimilava, que noutros casos eram fixadas no campo. Mais tarde, aliás, por ocasião da semeadura ou do preparo da terra, os restos da refeição eram semeados.[419] Ou, ainda, partilhava-se uma nova vítima, nova encarnação do gênio agrário, e espalhava-

-se na terra a vida que lhe fora anteriormente retirada. O que se devolvia à terra era o que se lhe havia tomado emprestado.[420] Em alguns casos, essa correspondência fundamental entre os ritos da profanação das primícias e os da fertilização dos campos, entre as duas vítimas, deu ensejo a uma verdadeira fusão das duas cerimônias, praticadas então numa mesma vítima. Foi o que aconteceu com as *Bouphonia*, que são um sacrifício de dupla face: são um sacrifício da debulha, pois começavam por uma oferenda das primícias, mas têm igualmente por finalidade a fertilização da terra. Com efeito, vimos que de acordo com a lenda a festa foi estabelecida para pôr fim a uma escassez e a uma seca. Poder-se-ia mesmo dizer que a comunhão feita com a carne do boi possui, ela também, essa dupla finalidade: permitir o consumo dos novos cereais e dar aos cidadãos uma bênção especial para seus futuros trabalhos agrários.

Mas prossigamos a análise de nossos dados. Chegamos ao terceiro momento de nosso rito. Ao matar o boi, Sopatros havia matado o espírito do trigo e o trigo não havia brotado. Segundo os termos do oráculo, o segundo sacrifício deve ressuscitar o morto. É por isso que se empalha o boi: o boi empalhado[421] é o boi ressuscitado. Ele é atrelado ao arado; o simulacro de lavragem que se lhe faz efetuar nos campos corresponde, entre os Khonds, à dispersão da vítima. Mas convém notar que a existência individual do boi, de seu espírito, sobrevive tanto ao consumo quanto à difusão da santidade de suas carnes. Esse espírito, o mesmo que se retirou da colheita ceifada, acha-se de novo aí, dentro da pele costurada e cheia de palha. Esse traço não é particular às *Bouphonia*. Numa das festas mexicanas, para representar o nascimento do gênio agrário despojava-se a vítima morta e com sua pele revestia-se aquela que devia sucedê-la no ano seguinte.[422] Em Lausitz [Alemanha central], na festa da primavera enterra-se "o morto", isto é, o velho deus da vegetação, retira-se a camisa do boneco que o representa e ela é levada imediatamente à árvore de maio;[423] com a roupa transporta-se o espírito. É portanto a própria vítima que renasce. Ora, essa vítima é a alma da vegetação que, primeiro concentrada nas primícias, foi transportada para o animal e que a imolação, além disso, depurou e rejuvenesceu. Trata-se assim do princípio mesmo da germinação e da fertilidade: é a vida dos campos que assim renasce e ressuscita.[424]

O que mais impressiona nesse sacrifício é a continuidade ininterrupta dessa vida cuja duração e transmissão ele assegura. Uma vez separado o espírito pela morte sacrificial, ele permanece fixado ali onde o rito lhe dirige. Nas *Bouphonia* ele reside no boneco do boi empalhado. Quando a ressurreição não era figurada por uma cerimônia especial, a conservação de uma parte da vítima ou da oblação atestava a persistência e a presença da alma que nela residia. Em Roma não se conservava apenas a cabeça do cavalo de outubro, mas também seu sangue até as Palílias [festas em honra de Pales, deus dos pastores].[425] As cinzas do sacrifício das *Forcidiae* eram igualmente conservadas até essa data.[426] Em Atenas encerravam-se os restos dos porcos sacrificados nas Tesmofórias [festas em honra de Ceres].[427] Essas relíquias serviam de corpo ao espírito liberado pelo sacrifício. Elas permitiam pegá-lo e utilizá-lo, mas sobretudo conservá-lo. O retorno periódico do sacrifício, nas épocas em que a terra se despojava, garantia a continuidade da vida natural, possibilitando localizar e fixar o caráter sagrado que se pretendia conservar e que no ano seguinte reaparecia nos novos produtos do solo para se reencarnar numa nova vítima.

A continuação dos sacrifícios agrários apresenta assim uma série ininterrupta de concentrações e de difusões. Tão logo a vítima se torna espírito, gênio, é partilhada e dispersada para semear a vida. Para que essa vida não se perca (e há sempre o risco de perdê-la um pouco, como o testemunha a história de Pélope com ombro de marfim) é preciso reuni-la periodicamente. O mito de Osíris, cujos membros dispersos eram reunidos por Ísis, é uma imagem desse ritmo e dessa alternância. Para concluir, o sacrifício continha em si mesmo a condição de sua periodicidade, prescindindo do retorno regular dos trabalhos agrícolas. De resto, essa condição é estipulada pela lenda que relata a instituição desses sacrifícios. A pítia prescrevia a indefinida repetição das *Bouphonia* e das outras cerimônias da mesma natureza. A interrupção era inconcebível.

Em suma, assim como o sacrifício pessoal assegura a vida da pessoa, também o sacrifício objetivo em geral e o sacrifício agrário em particular asseguram a vida real e sadia das coisas.

Mas o cerimonial dos sacrifícios agrários, dos quais acabamos de analisar um tipo, foi geralmente sobrecarregado de ritos acessórios e muito deturpado conforme a interpretação de algumas de suas práticas. Nele é comum se misturarem ritos mágicos da chuva e do sol: afoga-se a vítima ou despeja-se água sobre ela; o fogo do sacrifício ou fogos especiais representam o fogo do sol.[428] Por outro lado, tendo os ritos de dessacralização (do objeto, do sacrificante) adquirido um lugar preponderante, podia suceder que o rito inteiro assumisse o caráter de um verdadeiro sacrifício expiatório, como mostrou Frazer.[429] O espírito do campo que saía da vítima adquiria os atributos de um bode expiatório.[430] A festa agrária tornava-se uma festa do Perdão. Na Grécia, os mitos que contavam a instituição dessas festas frequentemente as representavam como a expiação periódica de crimes originais. É o caso das *Bouphonia*.[431]

Assim, de um único sacrifício agrário podia redundar todo um conjunto de efeitos. O valor da vítima de um sacrifício solene e a força expansiva da consagração eram tais que era impossível limitar arbitrariamente sua eficácia. A vítima era um centro de atração e de irradiação. As coisas que o sacrifício podia afetar recebiam sua parte da influência dela. Conforme o estado e a natureza das necessidades, das pessoas ou dos objetos, os efeitos produzidos podiam ser diferentes.

5. O SACRIFÍCIO DO DEUS

Esse valor singular da vítima aparece claramente numa das formas mais acabadas da evolução histórica do sistema sacrificial: o sacrifício do deus. Com efeito, é no sacrifício de uma pessoa divina que a noção do sacrifício chega à sua mais alta expressão. Assim, é sob essa forma que ele penetrou entre as religiões mais recentes e deu origem a crenças e práticas que ainda vivem.

Veremos de que maneira os sacrifícios agrários puderam fornecer um ponto de partida para essa evolução. Mannhardt e Frazer já discerniram devidamente as estreitas relações entre o sacrifício do deus e os sacrifícios agrários,[432] de modo que não voltaremos aos pontos da questão que eles abordaram. Procuraremos mostrar, com o auxílio de alguns fatos suplementares, como essa forma do sacrifício se vincula à própria essência do mecanismo sacrificial. Nosso esforço será sobretudo determinar a participação considerável que a mitologia teve nesse desenvolvimento.

Para que um deus possa descer ao papel de vítima, é preciso que haja alguma afinidade entre sua natureza e a das vítimas. Para que ele venha a submeter-se à destruição sacrificial, é preciso que tenha sua origem no próprio sacrifício. Sob certos aspectos, essa condição parece ser preenchida por todos os sacrifícios, pois a vítima sempre tem algo de divino que o sacrifício libera. Mas uma vítima divina não é uma vítima-deus.[433] Convém não confundir o caráter sagrado que as coisas religiosas adquirem com essas personalidades definidas, objeto de mitos e ritos igualmente definidos, que são chamadas deuses. É certo que nos sacrifícios objetivos já tínhamos visto liberarem-se da vítima seres cuja fisionomia era mais precisa pelo simples fato de estarem ligados a um objeto e a uma função determinados, e mesmo nos sacrifícios de construção sucede de o espírito criado ser quase um deus. No entanto, essas personalidades míticas permanecem em geral vagas e indecisas. É sobretudo nos sacrifícios agrários que elas alcançam sua maior determinação, e isso se deve a diferentes causas.

Em primeiro lugar, nesses sacrifícios o deus e a vítima sacrificada são particularmente homogêneos. O espírito de uma casa é algo diferente da casa que ele protege. O espírito do trigo, ao contrário, é quase indistinto do trigo que ele encarna. Ao deus da cevada se oferecem vítimas feitas da cevada na qual ele reside. Pode-se portanto prever que em razão dessa homogeneidade e da fusão resultante a vítima poderá comunicar ao espírito sua individualidade. Enquanto ela é simplesmente o primeiro feixe ou os primeiros frutos da colheita, o espírito permanece, como ela, uma coisa essencialmente agrária.[434] Desse modo, ele não sai do campo senão para retornar em seguida; só se concretiza no momento preciso em que se concentra na vítima. Assim que esta é imolada, ele se difunde novamente em toda a espécie agrícola cuja vida produz, e então volta a ser vago e impessoal. Para que sua personalidade se acentue, é preciso que os laços que o unem aos campos se afrouxem, e para isso é necessário que a própria vítima esteja menos próxima das coisas que representa. Um primeiro passo nesse sentido é dado quando, como acontece com frequência, o feixe consagrado recebe o nome ou mesmo a forma de um animal ou de um homem. Às vezes, como que para tornar a transição mais sensível, pode-se dissimular aí[435] um animal vivo – uma vaca, um bode, um galo, que se tornam a vaca, o bode, o galo da colheita. A vítima perde assim uma parte de seu caráter agrário e, na mesma medida, o gênio se separa de seu suporte. Essa independência é ainda maior quando o feixe é substituído por uma vítima animal. Então a relação que esta mantém com o que encarna fica tão distante que às vezes é difícil percebê-la. Somente a comparação pôde descobrir que o touro e o bode de Dionísio e o cavalo ou o porco de Deméter eram encarnações da vida dos trigos e das vinhas. Mas a diferenciação é sobretudo marcada quando o papel é assumido por um homem[436] que lhe transmite sua própria autonomia. Então o gênio se torna uma personalidade moral que tem um nome, que começa a existir na lenda independentemente das festas e dos sacrifícios. É assim que, aos poucos, a alma da vida dos campos se torna exterior a estes[437] e se individualiza.

Mas a essa primeira causa acrescentou-se uma outra. O sacrifício determina por si mesmo uma exaltação das vítimas que as diviniza diretamente. Inúmeras são as lendas em que são relatadas essas apoteoses. Hércules só foi admitido no Olimpo depois de seu suicídio no monte Eta. Átis[438] e Eshmoun[439] foram animados de uma vida divina após sua morte. A constelação da Virgem não é senão Erígona, uma deusa agrária que se enforcou.[440] No México, um mito relatava que o Sol e a Lua haviam sido criados por um sacrifício;[441] a deusa Toci, mãe dos deuses, era igualmente apresentada como uma mulher que um sacrifício havia divinizado.[442] No mesmo país, por ocasião da festa de Totec, na qual cativos eram mortos e esfolados, um sacerdote vestia a pele de um deles; tornava-se então a imagem do deus, portava seus ornamentos e suas vestes, sentava-se num trono e recebia no lugar dele as imagens dos primeiros frutos.[443] Na lenda cretense de Dionísio, o coração do deus, que fora massacrado pelos Titãs, era colocado num *xoanon* [equivalente grego do totem], onde devia ser adorado.[444] Para descrever o estado de Urano, mutilado por seu filho Cronos, Fílon de Biblos emprega uma expressão muito significativa: "ele foi consagrado", ἀφιερώθη.[445] Nessas lendas subsiste a consciência obscura da virtude do sacrifício. Seu vestígio persiste igualmente nos ritos. Por exemplo, em Jumièges [França], onde o papel do gênio animal da vegetação era representado por um homem cujo ofício durava um ano a começar do dia de São João, fingia-se lançar o futuro *lobo verde* na fogueira; após essa execução simulada seu predecessor lhe entregava suas insígnias.[446] A cerimônia não tinha por efeito simplesmente encarnar o gênio agrário: este nascia do próprio sacrifício.[447] Ora, não havendo razões para distinguir os demônios das vítimas agrárias, esses fatos são precisamente exemplos do que dissemos a propósito da consagração e de seus efeitos diretos. A apoteose sacrificial não é outra coisa senão o renascimento da vítima. Sua divinização é um caso especial e uma forma superior de santificação e de separação. Mas essa forma raramente aparece, a não ser nos sacrifícios em que, pela localização, concentração e acúmulo de um caráter sagrado, a vítima se acha investida de um máximo de santidade que o sacrifício organiza e personifica.

Eis a condição necessária para que o sacrifício do deus seja possível. Mas para que se torne uma realidade não é suficiente que o deus tenha saído da vítima: é preciso que ele ainda tenha toda a sua natureza divina no momento em que entra no sacrifício para tornar-se ele próprio vítima. Vale dizer que a personificação da qual resultou deve ser duradoura e necessária. Essa associação indissolúvel entre seres ou uma espécie de seres e uma virtude sobrenatural é fruto da periodicidade dos sacrifícios, como é precisamente o caso aqui. A repetição dessas cerimônias, nas quais em virtude de um hábito ou por alguma outra razão uma mesma vítima reaparecia a intervalos regulares, criou uma espécie de personalidade contínua. Conservando o sacrifício seus efeitos secundários, a criação da divindade é obra dos sacrifícios anteriores. E isso não é um fato acidental e sem importância, haja vista que numa religião tão abstrata quanto o cristianismo a figura do cordeiro pascal, vítima habitual de um sacrifício agrário ou pastoril, persistiu e serve ainda hoje para designar Cristo, isto é, Deus. O sacrifício forneceu os elementos da simbólica divina.

Mas foi a imaginação dos criadores de mitos que completou a elaboração do sacrifício do deus. De fato, ela conferiu um estado civil, uma história e portanto uma vida mais contínua à personalidade intermitente, opaca e passiva que nascia da periodicidade dos sacrifícios. Sem contar que, ao separá-la de sua ganga terrestre, tornou-a mais divina. Às vezes pode-se mesmo acompanhar no mito as diferentes fases dessa divinização progressiva. Assim, a grande festa dória das *Karneia*, celebrada em honra de Apolo Karneios, fora instituída, conta-se, para expiar a morte do adivinho Karnos por Heráclides Hipotes.[448] Ora, Apolo Karneios não é outro senão o adivinho Karnos, cujo sacrifício é realizado e expiado como o das *Dipolia*; e o próprio Karnos, "o cornudo",[449] confunde-se com o herói Krios, "o carneiro",[450] hipóstase da vítima animal primitiva. Do sacrifício do carneiro a mitologia fez a morte de um herói e em seguida transformou este em grande deus nacional.

No entanto, se a mitologia elaborou a representação do divino, não trabalhou sobre dados arbitrários. Os mitos conservam o vestígio de sua origem: um sacrifício mais ou menos alterado forma o episódio central e como que o núcleo da vida legendária dos deuses que provêm de um sacrifício. Lévi explicou o papel que os ritos sacrificiais desempenham na mitologia brâmane.[451] Vejamos, mais especialmente, como a história dos deuses agrários é tecida sobre um fundo de ritos agrários. Para tanto, vamos agrupar alguns tipos de lendas gregas e semíticas, vizinhas daquela de Átis e de Adônis, que são outras tantas deformações do tema do sacrifício do deus. Umas são mitos que explicam a instituição de certas cerimônias e outras são contos geralmente oriundos de mitos semelhantes aos primeiros.[452] Ao que sabemos, os ritos comemorativos que correspondem a essas lendas (dramas sagrados, procissões[453] etc.) quase nunca apresentam as características do sacrifício, mas o tema do sacrifício do deus foi livremente usado pela imaginação mitológica.

O túmulo de Zeus em Creta,[454] a morte de Pã[455] e a de Adônis são bastante conhecidos para que seja suficiente mencioná-los. Adônis deixou nas lendas sírias descendentes que partilham sua sorte.[456] É verdade que em alguns casos os túmulos divinos talvez sejam monumentos do culto dos mortos, mas na maioria das vezes, em nossa opinião, a morte mítica do deus lembra o sacrifício ritual; ela é cercada pela lenda – aliás obscura, mal transmitida, incompleta de circunstâncias que permitissem determinar sua verdadeira natureza.

Lê-se na tabuleta assíria da lenda de Adapa:[457] "Da terra desapareceram dois deuses; por isso é que me visto de luto. Quais são esses dois deuses? São *Du-mu-zu* e *Gish-zi-da*". A morte de Du-mu-zu é um sacrifício mítico. A prova é dada pelo fato de que Ishtar, sua mãe e esposa, quer ressuscitá-lo[458] derramando sobre seu cadáver água da fonte da vida que ela vai buscar nos infernos. Nisso ela imita os ritos de algumas festas agrárias. Quando o espírito do campo está morto ou foi morto, seu cadáver é lançado à água ou aspergido com água. Então, ou porque ressuscita, ou porque uma árvore de maio se ergue sobre seu túmulo, a vida renasce. Aqui, a água derramada sobre o cadáver e a ressurreição é que nos fazem assimilar o deus morto a uma vítima agrária; no mito de Osíris, é a dispersão do cadáver e a árvore que brota sobre o ataúde.[459] Em Trezena, no períbolo do templo de Hipólito, comemorava-se com uma festa anual as λιθόβολια, a morte das deusas Dâmia e Auxésia, virgens, estrangeiras, vindas de Creta, que segundo a tradição haviam sido apedrejadas numa sedição.[460] As deusas estrangeiras são o estrangeiro, o passante que frequentemente desempenha um papel nas festas da colheita; o apedrejamento é um rito de sacrifício. Muitas vezes, um simples ferimento do deus equivale à sua morte anual. Belen, adormecida no Blumenthal ao pé do balão de Guebwiller, foi ferida no pé por um javali, como Adônis; de cada gota do sangue que escorria de sua ferida nasceu uma flor.[461]

A morte do deus é com frequência um suicídio: Hércules no Eta, Melkarth em Tiro,[462] o deus Sandés ou Sandon em Tarso,[463] Dido em Cartago imolaram-se. A morte de Melkarth era comemorada com uma festa a cada verão; era uma festa da colheita. A mitologia grega conhece deusas que tinham o título de Ἀπαγχομένη, isto é, deusas "enforcadas", como Artêmis, Hécate e Helena.[464] Em Atenas, a deusa enforcada era Erígona, mãe de Estáfilo, herói da uva. Em Delfos ela se chamava Charila.[465] Charila, dizia o conto, era uma menina que durante uma escassez de alimentos fora pedir ao rei sua parte na última distribuição; maltratada e expulsa por ele, enforcou-se num pequeno vale afastado. Ora, uma festa anual, diz-se que instituída por ordem da pítia, era celebrada em sua honra. Começava por uma distribuição do trigo; depois fabricava-se uma imagem de Charila, que era golpeada, enforcada e enterrada. Em outras lendas, o deus se inflige uma mutilação que às vezes resulta em sua morte. É o caso de Átis e de Eshmoun, que, perseguido por Astronoe, se mutilou com um machado.

Amiúde tratava-se de um fundador do culto ou do primeiro sacerdote de um deus, cuja morte era contada pelo mito. Assim, em Itone, Iodama, sobre cujo túmulo ardia um fogo sagrado, era sacerdotisa de Atena Itônia.[466] Em Atenas, Aglaura, cuja morte era supostamente expiada numa festa, as Pluntérias, era também sacerdotisa de Atena. Na verdade, o sacerdote e o deus são um único e mesmo ser. Com efeito, sabemos que o sacerdote pode ser, tanto quanto a vítima, uma encarnação do deus. Mas existe aí uma primeira diferenciação, uma espécie de desdobramento mitológico do ser divino e da vítima.[467] Graças a esse desdobramento o deus parece escapar à morte.

É a uma diferenciação de outro tipo que se devem os mitos cujo episódio central é o combate de um deus com um monstro ou um outro deus. Tais são, na mitologia babilônia, os combates de Marduk com Tiamat, isto é, o Caos;[468] de Perseu matando a Górgona ou o dragão de Joppe, de Belerofonte lutando contra a Quimera, de São Jorge vencedor do Dadjdjal;[469] é também o caso dos trabalhos de Hércules e, enfim, de todas as teomaquias; pois nesses combates o vencido é tão divino quanto o vencedor.

Esse episódio é uma das formas mitológicas do sacrifício do deus. Com efeito, esses combates divinos equivalem à morte de um só deus. Eles se alternam nas mesmas festas:[470] os jogos ístmicos, celebrados na primavera, comemoram ou a morte de Melicertes ou a vitória de Teseu sobre Sínis; os jogos nemeus celebram ou a morte de Arquêmoro ou a vitória de Hércules sobre o Leão de Nemeia. Por vezes eles são acompanhados dos mesmos incidentes: a derrota do monstro é seguida do casamento do deus – de Perseu com Andrômaca, de Hércules com Hesíone; a *Maibraut* das lendas alemãs, perseguida pelos espíritos da caça selvagem, não é outra senão a noiva exposta ao monstro e libertada pelo herói; no culto de Átis o casamento sagrado sucede à morte e à ressurreição do deus. Os combates se produzem em circunstâncias análogas e têm o mesmo objeto. A vitória de um jovem deus contra um monstro antigo é um rito da primavera: a festa de Marduk no primeiro dia de *nisan* repetia sua vitória contra Tiamat;[471] a festa de São Jorge, isto é, a derrota do dragão, era celebrada em 23 de abril;[472] e era na primavera que morria Átis. Enfim, se é verdade, como relata o sacerdote caldeu Beroso, que uma versão do Gênese assírio mostrava Bel [Baal] cortando a si mesmo em dois para dar origem ao mundo, dois episódios aparecem concorrentemente na lenda do mesmo deus: o suicídio de Bel substitui seu duelo com o Caos.[473]

Para completar a prova da equivalência desses temas, digamos que sucede muitas vezes de o deus morrer após sua vitória. Num conto dos irmãos Grimm, o herói, tendo adormecido depois de sua luta com o dragão, é assassinado; os animais que o acompanham trazem-no de volta à vida.[474] A lenda de Hércules apresenta a mesma aventura: após ter matado Tífon, ele jazia inanimado, asfixiado pelo sopro do monstro, sendo então ressuscitado por Iolau com o auxílio de uma codorna.[475] Na lenda de Hesíone, Hércules era devorado por um cetáceo. Depois de matar Linceu, Castor era morto por Idas.[476]

Essas equivalências e alternâncias se explicam facilmente se considerarmos que os adversários confrontados com o tema do combate são o produto do desdobramento de um mesmo gênio. A origem dos mitos desse tipo foi geralmente esquecida; eles são apresentados como combates meteorológicos entre os deuses da luz e das trevas ou do abismo,[477] entre os deuses do céu e do inferno. Mas é extremamente difícil distinguir com clareza o caráter de cada um dos combatentes. São seres de mesma natureza cuja diferenciação, acidental e instável, pertence à imaginação religiosa. Seu parentesco revela-se plenamente no panteão assírio. Ashshur e Marduk, deuses solares, são os reis dos Annunakis, os sete deuses do abismo.[478] Nergal, às vezes chamado Gibil, deus do fogo, possui alhures um nome de monstro infernal. Quanto aos sete deuses do abismo, é difícil, sobretudo nas mitologias que sucederam à mitologia assíria, distingui-los dos sete deuses planetários, executores das vontades celestes.[479] Bem antes do sincretismo greco-romano que fazia do Sol o senhor do Hades[480] e associava Mitra a Plutão e a Tífon,[481] as tabuletas assírias diziam que Marduk governava o abismo,[482] que Gibil, o fogo,[483] e o próprio Marduk eram filhos do abismo.[484] Em Creta, os Titãs que mataram Dionísio eram seus parentes.[485] Noutros lugares os deuses inimigos eram irmãos, geralmente gêmeos.[486] Às vezes a luta ocorria entre um tio e seu sobrinho ou mesmo entre pai e filho.[487]

Na falta desse parentesco, uma outra relação une os atores do drama e mostra sua identidade fundamental. O animal sagrado de Perseu em Serifos era o caranguejo, ο καρκίνος.[488] Mas o caranguejo, que na lenda de Serifos era o inimigo do polvo, junta-se à Hidra de Lerna, que é um polvo, para combater Hércules. O caranguejo, como o escorpião, é ora aliado, ora inimigo do deus solar; em suma, essas são formas do mesmo deus. Os baixos-relevos mitraicos mostram Mitra cavalgando o touro que ele vai sacrificar. Perseu, por sua vez, montava Pégaso, nascido do sangue da Górgona. O monstro ou o animal sacrificado serviam de montaria ao deus vitorioso antes ou depois do sacrifício. Enfim, os dois deuses da luta ou da caça mítica são colaboradores. Mitra e o touro, diz Porfírio, são igualmente demiurgos.[489]

Assim, o sacrifício produziu na mitologia uma infinidade de descendentes. De abstração em abstração ele se tornou um dos temas fundamentais das lendas divinas. Mas foi precisamente a introdução desse episódio da lenda de um deus que determinou a formação ritual do sacrifício do deus. Sacerdote ou vítima, sacerdote e vítima, é um deus já formado que ao mesmo tempo age e padece no sacrifício. Ora, a divindade da vítima não se limita ao sacrifício mitológico, aparecendo igualmente no sacrifício real que lhe corresponde. Uma vez constituído, o mito reage sobre o rito do qual saiu e nele se realiza. Assim, o sacrifício do deus não é simplesmente o tema de um belo conto mitológico. Qualquer que seja a personalidade que o deus tenha assumido no sincretismo dos paganismos, adultos ou envelhecidos, é sempre o deus que sofre o sacrifício; não se trata de um mero figurante.[490] Pelo menos na origem, há "presença real", como na missa católica. São Cirilo[491] relata que em alguns combates de gladiadores, rituais e periódicos, um certo Cronos (τις Κρόνος), escondido debaixo da terra, recebia o sangue purificador que corria dos ferimentos. Esse Κρόνος τις é o Saturno das saturnais que noutros rituais era morto.[492] O nome dado ao representante do deus tendia a identificá-lo ao deus. É por essa razão que o sumo sacerdote de Átis, que também desempenhava o papel de vítima, tinha o nome de seu deus e predecessor mítico.[493] A religião mexicana oferece exemplos bem conhecidos da identidade da vítima e do deus. Na festa de Huitzilopochtli[494] em particular, a estátua do deus, feita de massa de acelga e moldada com sangue humano, era despedaçada, dividida entre os fiéis e comida. É certo que em todo sacrifício, como já assinalamos, a vítima tem algo do deus, mas aqui ela é o próprio deus e é essa identificação que caracteriza o sacrifício do deus.

Sabemos porém que o sacrifício se repete periodicamente porque o ritmo da natureza exige essa periodicidade. Portanto, o mito só faz o deus vivo sair da prova para submetê-lo novamente a ela, de modo que constitui sua vida como uma cadeia ininterrupta de paixões e ressurreições. Astarte ressuscita Adônis, Ishtar faz o mesmo com Tamuz, Ísis com Osíris, Cibele com Átis, Iolau com

Hércules.[495] Dionísio assassinado é concebido uma segunda vez por Semele.[496] Eis-nos já distantes da apoteose de que falamos no começo deste capítulo. O deus não sai do sacrifício senão para reentrar e vice-versa. Não há mais interrupção em sua personalidade. Se ele é despedaçado, como Osíris e Pélope, seus pedaços são recuperados, juntados e reanimados. Com isso a finalidade primitiva do sacrifício é relegada à sombra; não é mais um sacrifício agrário nem um sacrifício pastoril. O deus que ali comparece como vítima existe em si, tem qualidades e poderes múltiplos. Assim, o sacrifício aparece como uma repetição e uma comemoração do sacrifício original do deus.[497] À lenda que o relata geralmente acrescenta-se alguma circunstância que assegura sua perpetuidade. Desse modo, quando um deus morre de uma morte mais ou menos natural um oráculo prescreve um sacrifício expiatório que reproduz a morte desse deus, como vimos anteriormente. Quando um deus é vencedor de um outro, perpetua a lembrança de sua vitória pela instituição de um culto.[498]

Convém aqui assinalar que a abstração que no sacrifício fazia nascer o deus podia conferir um outro aspecto às mesmas práticas. Por um procedimento análogo ao desdobramento que produziu as teomaquias, ela podia separar o deus da vítima. Nos mitos examinados mais acima os dois adversários são igualmente divinos; um deles aparece como o sacerdote do sacrifício no qual sucumbe seu predecessor. Mas a divindade virtual da vítima nem sempre se desenvolveu. Com frequência permaneceu terrestre, e por isso o deus criado, saído outrora da vítima, já não participa do sacrifício. Assim, a consagração, que faz a vítima passar ao mundo sagrado, assume o aspecto de uma atribuição a uma pessoa divina, de uma dádiva. Mesmo nesse caso, porém, é sempre um animal sagrado que é sacrificado, ou pelo menos algo que lembra a origem do sacrifício. Em suma, oferecia-se o deus a ele mesmo: Dionísio carneiro tornava-se Dionísio Kriophágos [comedor de carneiro].[499] Às vezes, ao contrário, como nos desdobramentos de que resultaram as teomaquias, o animal sacrificado era tido como um inimigo do deus.[500] Se era imolado, era para expiar uma falta cometida contra o deus por sua espécie. Ao Vírbio de Nemi [divindade romana], morto por cavalos, sacrificava-se um cavalo.[501] A noção do sacrifício ao deus desenvolveu-se paralelamente à do sacrifício do deus.

Os tipos de sacrifício do deus que acabamos de examinar se acham realizados *in concreto* e reunidos num mesmo e único rito hindu: o sacrifício do *soma*.[502] Nele se pode ver, antes de mais nada, o que é no ritual um verdadeiro sacrifício do deus. Não podemos expor aqui como o deus Soma se confunde com a planta *soma*, como está realmente presente nela, nem descrever as cerimônias em meio às quais é conduzido ao local do sacrifício e recebido ali. Ele é enaltecido e adorado para depois ser atado e morto. Então o deus se liberta dos ramos que o atam e se espalha no mundo; uma série de atribuições distintas o comunica aos diferentes reinos da natureza. Essa presença real e esse nascimento do deus sucedendo à sua morte constituem, de certo modo, as formas rituais do mito. Quanto às formas puramente míticas que o sacrifício adquiriu, são exatamente as que descrevemos mais acima. Trata-se, em primeiro lugar, da identificação do deus Soma com o inimigo dos deuses, Vrtra, o demônio que retém os tesouros da imortalidade e que é morto por Indra.[503] Pois para justificar como um deus podia ser morto ele é representado sob a forma de um demônio: é o demônio que é morto e dele sai o deus; a essência excelente liberta-se do invólucro mau que a retinha. Mas muitas vezes é Soma que mata Vrtra; de todo modo, é ele que dá forças a Indra, o deus guerreiro, destruidor dos demônios. Em alguns textos Soma é mesmo seu próprio sacrificador; chega-se a representá-lo como o modelo dos sacrificadores celestes. Daí ao suicídio do deus a distância não era grande, e os brâmanes a franquearam.

Evidencia-se aqui um ponto importante da teoria do sacrifício. Vimos que entre a vítima e o deus há sempre alguma afinidade: a Apolo Karneios se oferecem carneiros, a Varuna se oferece cevada etc. É pelo semelhante que se alimenta o semelhante, e a vítima é o alimento dos deuses. Assim, o sacrifício veio a ser rapidamente considerado a condição mesma da existência divina. É ele que fornece a matéria imortal de que vivem os deuses. Desse modo, não somente é do sacrifício que nascem alguns deuses, mas ainda é pelo sacrifício que todos conservam sua existência. O sacrifício acabou então por se revelar como a essência e a origem dos deuses, o seu criador.[504] E é também o criador das coisas, pois é nele que está o princípio de toda vida. Soma é ao mesmo tempo o Sol e a Lua no céu, a nuvem, o relâmpago e a chuva na atmosfera, o rei das plantas na terra; ora, no soma-vítima todas essas formas de Soma estão reunidas. Ele é o depositário de todos os princípios nutritivos e fecundantes da natureza. É ao mesmo tempo alimento dos deuses e bebida embriagante dos homens, autor da imortalidade daqueles e da vida efêmera destes. Todas essas forças são concentradas, criadas e redistribuídas pelo sacrifício. Este é, portanto, "o senhor dos seres", Prajâpati. Ele é o Purusa[505] do hino x, 90 do *Rig Veda*, de que nascem os deuses, os ritos, os homens, as castas, o Sol, a Lua, as plantas, o gado; ele será o brâmane da Índia clássica. Todas as teologias lhe atribuíram esse poder criador. Espalhando e reunindo alternadamente a divindade, ele semeia os seres como Jasão e Cadmo semeiam os dentes do dragão de que nascem os guerreiros. Da morte ele tira a vida. As flores e as plantas brotam sobre o cadáver de Adônis; enxames de abelhas saem voando do corpo do leão morto por Sansão e do touro de Aristeu.

Assim a teologia tomou suas cosmogonias dos mitos sacrificiais. Ela explica a criação – assim como a imaginação popular explicava a vida anual da natureza – por um sacrifício. Com efeito, reporta o sacrifício do deus à origem do mundo.[506]

Na cosmogonia assíria, o sangue de Tiamat vencido dera origem aos seres. A separação dos elementos do caos era concebida como o sacrifício ou o suicídio do demiurgo. Gunkel[507] provou, acreditamos, que a mesma concepção se verificava nas crenças populares dos hebreus. Ela aparece na mitologia do Norte, e também está na base do culto mitraico. Os baixos-relevos querem mostrar a vida que sai do touro sacrificado, de modo que seu rabo termina por um feixe de espigas. Na Índia, enfim, a contínua criação das coisas por meio do rito acaba por se tornar uma criação absoluta e *ex nihilo*. No começo não havia nada. O Purusa desejou. Foi por seu suicídio, pelo abandono de si mesmo, pela renúncia a seu corpo – modelo, mais tarde, da renúncia búdica – que o deus deu existência às coisas.

Pode-se supor que a periodicidade subsistiu a esse grau de heroicização do sacrifício. Os retornos ofensivos do caos e do mal constantemente requerem novos sacrifícios, criadores e redentores. Assim transformado e como que sublimado, o sacrifício se conservou na teologia cristã.[508] Sua eficácia foi simplesmente transportada do mundo físico para o mundo moral. O sacrifício redentor do deus perpetua-se na missa diária. Não pretendemos investigar como se constituiu o ritual cristão do sacrifício, nem como ele se liga aos ritos anteriores. Acreditamos no entanto que ao longo deste trabalho pudemos algumas vezes relacionar as cerimônias do sacrifício cristão àquelas que examinamos. Aqui nos será suficiente relembrar a espantosa similitude entre elas e indicar que o desenvolvimento de ritos tão semelhantes aos do sacrifício agrário pôde dar origem à concepção do sacrifício redentor e comunial do deus único e transcendente. Sob esse aspecto, o sacrifício cristão é um dos mais instrutivos que se pode encontrar na história. Nossos sacerdotes buscam, pelos mesmos procedimentos rituais, quase que os mesmos efeitos buscados pelos nossos mais remotos antepassados. O mecanismo da consagração da missa católica é, em linhas gerais, o mesmo que o dos sacrifícios hindus. Ele nos apresenta, com uma clareza que nada deixa a desejar, o ritmo alternado da expiação e da comunhão. A imaginação cristã se erigiu sobre planos antigos.

6. CONCLUSÃO

Compreende-se melhor agora em que consiste, a nosso ver, a unidade do sistema sacrificial. Ela não decorre, como acreditou Smith, de que todos os tipos possíveis de sacrifícios tenham saído de uma forma primitiva e simples. Um tal sacrifício não existe. De todos os procedimentos sacrificiais, os mais gerais, os menos ricos em elementos que pudemos obter, são os de sacralização e de dessacralização. Ora, em todo sacrifício de dessacralização, por mais puro que seja, nem sempre encontramos uma sacralização da vítima. Inversamente, em todo sacrifício de sacralização, mesmo o mais caracterizado, uma dessacralização está necessariamente implicada; pois de outro modo os restos da vítima não poderiam ser utilizados. Esses dois elementos são portanto tão interdependentes que um não pode existir sem o outro.

Mas esses dois tipos de sacrifício ainda não são senão tipos abstratos. Todo sacrifício ocorre sob certas circunstâncias e em vista de fins determinados, e da diversidade dos fins que podem desse modo ser buscados nascem modalidades diversas, das quais demos alguns exemplos. Ora, por um lado não há nenhuma religião em que essas modalidades não coexistam em maior ou menor número; todos os rituais sacrificiais que conhecemos apresentam uma grande complexidade. Por outro, não há rito particular que não seja complexo nele mesmo: ou ele persegue várias finalidades ao mesmo tempo ou mobiliza várias forças para atingir uma só. Vimos sacrifícios de dessacralização e mesmo propriamente expiatórios se complicarem com sacrifícios comuniais, mas poderiam ser dados muitos outros exemplos de complicação. Para obter chuva, os Amazulus reúnem um rebanho de bois pretos, matam um deles e comem-no em silêncio; depois queimam os ossos fora da aldeia – o que envolve três temas diferentes na mesma operação.[509]

No sacrifício animal hindu essa complexidade é ainda mais evidenciada. Nele encontramos partes expiatórias atribuídas aos gênios maus, partes reservadas aos deuses, partes de comunhão que o sacrificante usufruía, partes que os sacerdotes consumiam. A vítima serve igualmente a imprecações contra o inimigo, a adivinhações, a votos. Por um de seus aspectos, o sacrifício tem a ver com os cultos teriomórficos, pois a alma do animal é enviada ao céu para juntar-se aos arquétipos dos animais e conservar a perpetuidade da espécie. É também um rito de consumo, pois o sacrificante que acendeu os fogos só pode comer carne depois de ter feito um tal sacrifício. É enfim um rito de remissão, pois o sacrificante é consagrado, está sob a influência da divindade e se redime ao substituir-se na vítima. Tudo se mistura e se confunde numa mesma organização que, apesar dessa diversidade, não deixa de ser harmônica. Com mais forte razão, é o que acontece com um rito de extensão imensa como o sacrifício a Soma, em que temos, além de tudo o que o precede, um caso efetivo de sacrifício do deus. Em resumo: assim como a cerimônia mágica, assim como a prece, que pode servir ao mesmo tempo a uma ação de graças, a um voto, a uma propiciação, também o sacrifício pode cumprir conjuntamente uma grande variedade de funções.

Mas se o sacrifício é tão complexo, de onde lhe pode vir a unidade? É que, no fundo, sob a diversidade das formas que ele assume há sempre um mesmo procedimento que pode ser empregado para finalidades as mais diferentes. *Esse procedimento consiste em estabelecer uma comunicação entre o mundo sagrado e o mundo profano por intermédio de uma vítima, isto é, de uma coisa destruída durante a cerimônia.* Ora, ao contrário do que acreditava Smith a vítima não chega necessariamente ao sacrifício com uma natureza religiosa acabada e definida: é o próprio sacrifício que lhe confere essa natureza. Ele pode dar-lhe as virtudes mais diversas e torná-la apta a cumprir as funções as mais variadas, seja em ritos diferentes, seja durante um mesmo rito. Assim, a vítima transmite um caráter sagrado do mundo religioso ao mundo profano ou vice-versa; ela é indiferente ao sentido da corrente que a atravessa. Pode-se ao mesmo tempo encarregar o espírito que dela se separou de levar um voto até os poderes celestes, servir-se dela para adivinhar o futuro, redimir-se da cólera divina entregando aos deuses suas partes e, por fim, usufruir das carnes sagradas que restam. Uma vez constituída, porém, ela tem uma certa autonomia não importa o que se faça; ela é um centro de energia a partir do qual se manifestam efeitos que vão além da finalidade estrita que o sacrificante atribui ao rito. Imola-se um animal para redimir um *dîksita*; por uma reação imediata, a alma liberada parte para alimentar a vida eterna da espécie. O sacrifício ultrapassa assim, naturalmente, as finalidades estritas que as teologias mais elementares lhe atribuem. É que ele não se compõe apenas de uma série de gestos individuais: o rito põe em movimento o conjunto das coisas sagradas às quais se dirige. Desde o início deste trabalho o sacrifício se nos afigurou como uma ramificação especial do sistema da consagração.

Não é o caso aqui de explicar longamente por que o profano entra, desse modo, em relações com o divino; é que ele aí encontra a fonte da vida, as condições mesmas de sua existência, e assim tem todo o interesse em se aproximar. Mas como entender que ele só se aproxime permanecendo à distância? Como entender que só se comunique com o sagrado por via de um intermediário? Os efeitos destrutivos do rito explicam em parte esse estranho procedimento. Se as forças religiosas são em si mesmas o princípio das forças vitais, são de uma tal natureza que seu contato é perigoso para o vulgo. Sobretudo quando atingem um certo grau de intensidade, não podem se concentrar num objeto profano sem destruí-lo. Portanto, por maior que seja a necessidade do profano ele só pode abordá-las com a mais extrema prudência. Eis por que intermediários se introduzem entre elas e ele, sendo que o principal é a vítima. Se o sacrificante se envolvesse completamente no rito, encontraria a morte e não a vida. A vítima o substitui. Somente ela penetra na esfera perigosa do sacrifício e ali sucumbe, estando ali para sucumbir. O sacrificante permanece protegido: os deuses tomam a vítima em vez de tomá-lo. *Ela o redime*. Moisés não havia circuncidado seu filho, e Javé veio "lutar" com ele numa estalagem. Moisés estava morrendo quando sua mulher cortou violentamente o prepúcio da criança e o lançou aos pés de Javé, dizendo-lhe: "És para mim um esposo de sangue". A destruição do prepúcio satisfez o deus, que não mais destruiu Moisés redimido. Não há sacrifício em que não intervenha alguma ideia de remissão.

Mas essa primeira explicação não é suficientemente geral, pois no caso da oferenda a comunicação se faz igualmente por um intermediário e no entanto não há destruição. É que uma consagração demasiado forte tem graves inconvenientes, mesmo quando não é destrutiva. Tudo o que está muito profundamente envolvido no domínio religioso é, por isso mesmo, retirado do domínio profano. Quanto mais um ser é impregnado de religiosidade, tanto mais lhe pesam interdições que o isolam. A santidade do *nazîr* o paralisa. Por outro lado, tudo o que entra em contato muito íntimo com as coisas sagradas adquire sua natureza e se torna sagrado como elas. Ora, o sacrifício é feito por profanos. A ação que ele exerce sobre as pessoas e as coisas destina-se a torná-las capazes de cumprir seu papel na vida temporal. Assim, umas e outras só podem entrar utilmente no sacrifício com a condição de poderem sair. Os ritos de saída servem em parte a essa finalidade: eles atenuam a consagração, mas se ela é demasiado intensa não podem por si sós atenuá-la o bastante. Convém portanto que o sacrificante ou o objeto do sacrifício a recebam apenas amortecida, isto é, de uma maneira indireta. É para isso que serve o intermediário. Graças a ele os dois mundos em confronto podem se penetrar ao mesmo tempo que permanecem distintos.

Assim se explica um caráter muito particular do sacrifício religioso. Em todo sacrifício há um ato de abnegação, já que o sacrificante se priva e dá. E geralmente essa abnegação lhe é mesmo imposta como um dever, pois o sacrifício nem sempre é facultativo; os deuses o exigem. Deve-se a eles o culto, o serviço, como diz o ritual hebreu; deve-se a eles sua parte, como dizem os hindus. Mas essa abnegação e essa submissão não suprimem um retorno egoísta. Se o sacrificante dá algo de si, ele não se dá: reserva-se prudentemente. Se ele dá, é em parte para receber. O sacrifício se apresenta assim sob um duplo aspecto. É um ato útil e é uma obrigação. O desprendimento mistura-se ao interesse. Eis por que ele foi frequentemente concebido sob a forma de um contrato. No fundo, talvez não haja sacrifício que não tenha algo de contratual. As duas partes envolvidas trocam seus serviços e cada uma tem sua vantagem. Pois os deuses, eles também, têm necessidade dos profanos: se nada fosse reservado da colheita, o deus do trigo morreria; para que Dionísio possa renascer, é preciso que o bode de Dionísio seja sacrificado nas vindimas; é o *soma* que os homens dão de beber aos deuses que faz a força destes contra os demônios. Para que o sagrado subsista, é preciso dar-lhe sua parte, e é com a parte dos profanos que se faz essa reserva. Essa ambiguidade é inerente à natureza do sacrifício. Com efeito, ela se deve à presença do intermediário, e sabemos que sem intermediário não há sacrifício. Por ser distinta do sacrificante e do deus, a vítima os separa ao mesmo tempo que os une; eles se aproximam sem se entregar inteiramente um ao outro.

Há no entanto um caso em que está ausente todo cálculo egoísta. Trata-se do sacrifício do deus, pois o deus que se sacrifica dá sem retorno. É que dessa vez todo intermediário desapareceu. O deus, que é ao mesmo tempo o sacrificante, coincide com a vítima e mesmo, às vezes, com o sacrificador. Aqui, todos os diversos elementos que entram nos sacrifícios ordinários penetram-se uns nos outros e se confundem. Só que essa confusão só é possível para seres míticos, isto é, ideais. Eis como a concepção de um deus que se sacrifica pelo mundo pôde se produzir e se tornou, mesmo para os povos mais civilizados, a expressão mais alta e como que o limite ideal da abnegação irrestrita.

Contudo, do mesmo modo que o sacrifício do deus pertence à esfera imaginária da religião, também se poderia pensar que o sistema inteiro é apenas um jogo de imagens. Os poderes aos quais se dirige o fiel que sacrifica seus bens mais preciosos parecem nada ter de positivo. Quem não acredita, vê nesses ritos nada mais que vãs e custosas ilusões e se espanta de que a humanidade tenha se obstinado em dissipar suas forças em favor de deuses fantasmagóricos. Mas talvez haja aí realidades verídicas às quais se pode associar a instituição em sua integralidade. As noções religiosas, por serem objeto de crença, existem; existem objetivamente, como fatos sociais. As coisas sagradas em relação às quais funciona o sacrifício são coisas sociais. E isso basta para explicar o sacrifício. Para que o sacrifício seja bem-fundamentado, duas condições são necessárias. Primeiro é preciso que haja fora do sacrificante coisas que o façam sair de si mesmo e às quais ele deve o que sacrifica. É preciso, a seguir, que essas coisas estejam perto dele para que ele possa entrar em relação com elas, nelas encontrar a força e a segurança de que necessita e retirar de seu contato o benefício que espera de seus ritos. Ora, esse caráter de penetração íntima e de separação, de imanência e de transcendência, é o que distingue no mais alto grau as coisas sociais. Elas também existem ao mesmo tempo, conforme o ponto de vista no qual nos colocamos, dentro e fora do indivíduo. Compreende-se assim qual pode ser a função do sacrifício a despeito dos símbolos pelos quais o crente o exprime para si mesmo. Trata-se de uma função social porque o sacrifício se relaciona a coisas sociais.

Por um lado, a renúncia dos indivíduos ou dos grupos às suas propriedades alimenta as forças sociais. Por certo, não que a sociedade tenha necessidade das coisas que são a matéria do sacrifício: aqui tudo se passa no mundo das ideias, e é de energias mentais e morais que se trata. Mas o ato de abnegação implicado em todo sacrifício, ao frequentemente lembrar às consciências particulares a presença das forças coletivas, alimenta precisamente a existência ideal destas. Essas expiações e essas purificações gerais, essas comunhões, essas sacralizações de grupos, essas criações de gênios das cidades conferem ou renovam periodicamente à coletividade, representada por seus deuses, esse caráter bom, forte, grave, terrível que é um dos traços essenciais de toda personalidade social. Por outro lado, os indivíduos encontram nesse mesmo ato uma vantagem. Eles conferem a si mesmos e às coisas que mais lhes interessam a força social inteira. Revestem de uma autoridade social seus votos, seus juramentos, seus casamentos. Cercam, como se com um círculo de santidade que os protege, os campos que lavraram, as casas que construíram. Ao mesmo tempo, encontram no sacrifício o meio de restabelecer os equilíbrios perturbados: pela expiação redimem-se da maldição social, consequência da falta, e se reincorporam à comunidade; pela doação de uma parte das coisas cujo uso a sociedade reservou, adquirem o direito de usufruí-las. A norma social é então mantida sem perigo para os indivíduos e sem prejuízo para o grupo. Assim a função social do sacrifício é cumprida, tanto para os indivíduos quanto para a coletividade. E como a sociedade é feita não apenas de homens, mas também de coisas e acontecimentos, percebe-se como o sacrifício pode acompanhar e reproduzir ao mesmo tempo o ritmo da vida humana e o da natureza, como pôde tornar-se periódico em função dos fenômenos naturais, ocasional como as necessidades momentâneas dos homens, submetendo-se enfim a inúmeras funções.

De resto, pudemos observar ao longo do estudo a quantidade de crenças e práticas sociais não propriamente religiosas que se acham relacionadas com o sacrifício. Falamos sucessivamente do contrato, da remissão, da pena, da dádiva, da abnegação, das ideias relativas à alma e à imortalidade que ainda são a base da moral comum. O que mostra a importância que tem para a sociologia a noção do sacrifício. Mas neste trabalho não nos propusemos segui-la em seu desenvolvimento e em todas as suas ramificações. Nossa tarefa era simplesmente buscar constituí-la.

NOTAS

1 Tylor 1876-78, II, cap. XVIII.

2 Ver uma brochura um tanto superficial de Nitzsch (1889). A essa teoria, no fundo, se associaram sucessivamente os dois autores que dirigiram a R. Smith as críticas mais severas: Wilken (1891: 535-ss) e Marillier (1898).

3 Smith 1875-89 e 1889.

4 MacLennan 1869-70.

5 Smith 1884.

6 Jevons 1896: 111, 115, 160; Hartland (1894-96, II, cap. XV) associou-se à teoria de R. Smith.

7 Frazer 1890, cap. III.

8 Mannhardt 1875 e 1884.

9 Devemos antes de mais nada indicar os textos que utilizamos e nossa atitude crítica em relação a eles. Os documentos do *ritual védico* se distribuem em vedas ou samhitras, bramanas e sutras: os vedas são as coletâneas de hinos e de fórmulas recitadas nos ritos; os bramanas são os comentários mitológicos e teológicos sobre os ritos; e os sutras são os manuais rituais. Embora cada uma dessas ordens de textos repouse sobre a outra, como uma série de estratos sucessivos dos quais os vedas seriam o mais antigo (Müller 1859: 572-ss), pode-se considerar

– com a tradição hindu, que os sanscritistas cada vez mais tendem a adotar – que eles formam um bloco e completam-se um ao outro. Sem atribuir-lhes datas precisas ou mesmo aproximadas, pode-se dizer que esses textos são incompreensíveis uns sem os outros. Os sentidos das preces, as opiniões dos brâmanes e seus atos são absolutamente solidários, e só se obtém a significação dos fatos por uma comparação incessante de todos esses textos. Estes se distribuem conforme as funções dos sacerdotes que os empregam e os diversos clãs brâmanes. Servimo-nos dos seguintes: "Escolas do recitante" – o *Rig Veda* X (R. V.), compilação dos hinos empregados pelo *hotar* (não queremos dizer que ele contenha apenas hinos rituais nem que seja de data recente), ed. Müller, trad. Ludwig; entre outros textos desse estudo, o *Aitareya Brâhmana* (*Ait.Br.*), ed. Aufrecht, trad. Hang; e como sutra o *Açvalâyana çrauta sûtra* (*Açv.çr.sû.*), ed. Bibl. Ind. "Escolas do oficiante" – Escola do Yajur-Veda branco (*Vâjasaneyins*), com os textos editados por Weber: *Vâjasaneyi-Samhitâ* (*V. S.*), veda das fórmulas; *Çatapatha Brâhmana* (*Çat.Br.*), trad. Eggeling em *Sacred Books of the East* (*S. B. E.*) XXII, XXIII, XLI, XLVI; *Kâtyâyana çrauta sûtra* (*Kât.çr.sû.*). Escola do Yajur-Veda negro (*Taittiriyas*): *Taittiriya Samhitâ* (*Taitt.S.*), ed. Weber 1871-72, contém as fórmulas e o Bramana; *Taittiriya Brâhmana* (*Taitt. Br.*) contém igualmente fórmulas e o Bramana; *Apastamba çrauta sûtra* (*Ap.çr.sû.*), ed. Garbe, cujo ritual seguimos particularmente. A esses textos sobrepõem-se os do ritual doméstico, os *grhya sûtras* das diversas escolas (trad. Oldenberg em *S. B. E.* XXIX, XXX). Ao lado deles acha-se a série dos textos atarvânicos (do *brahman*): *Atharva-Veda* (A. V.), veda dos encantamentos, ed. Whitney e Roth, trad. Bloomfield em *S. B. E.* XLII, livros VIII-XIII, Henry; *Kauçika sûtra* (*Kauç.sû.*), ed. Bloomfield. Nosso estudo do ritual hindu não teria sido possível sem os livros de Schwab e Hillebrandt e sem a assistência pessoal dos senhores Caland, Winternitz e Silvain Lévi, professores de um de nós.

Para o nosso estudo do sacrifício bíblico, tomaremos por base o Pentateuco. Não procuraremos tomar da crítica bíblica os elementos de uma história dos ritos sacrificiais hebreus. Primeiro, porque os materiais são, a nosso ver, insuficientes. Além disso, embora acreditemos que a crítica bíblica pode constituir a história dos textos, recusamos confundir essa história com a dos fatos. Em particular, seja qual for a data de redação do Levítico e do *Priestercodex* [Código Sacerdotal] em geral, acreditamos que a idade do texto não é necessariamente a idade do rito; os traços do ritual talvez só tenham sido fixados tardiamente, mas existiam antes de serem registrados. Assim pudemos evitar colocar a questão, a propósito de cada rito, de saber se ele pertencia ou não a um ritual antigo. Sobre a fragilidade de algumas conclusões da escola crítica, ver Halévy 1898: 1-ss, 97-ss, 193-ss, 289-ss; 1899: 1-ss. Sobre o sacrifício hebreu, ver Munk 1845; Nowack 1894: 138-ss; Benzinger 1894: 431-ss; Hupfeld 1851; Riehm 1854 e 1877; Rinck 1855; Bachmann 1858; Kurtz 1862; Orelli 1884; Müller 1884; Schmoller 1891; Volck 1893; Baentsch 1893; Kamphausen 1896. Sobre os textos evangélicos relativos ao sacrifício, ver Compton 1896.

1. DEFINIÇÃO E UNIDADE DO SISTEMA SACRIFICIAL

10 O *yajamâna* dos textos sânscritos. Observemos o emprego dessa palavra, particípio presente médio do verbo *yaj* (sacrificar). Para os autores hindus, o sacrificante é aquele que espera um retorno sobre si dos efeitos de seus atos (cotejar a fórmula védica "nós que sacrificamos para nós", "*ye yajâmahe*", com a fórmula avéstica "*yazamaide*"; cf.

Hillebrandt 1897: 11). A nosso ver, esses *benefícios* do sacrifício são repercussões necessárias do rito. Eles não se devem a uma livre vontade divina que a teologia aos poucos intercalou entre o ato religioso e seus desdobramentos. Assim se compreenderá que negligenciamos certas questões que implicam a hipótese do sacrifício-dádiva e a intervenção de deuses rigorosamente pessoais.

11 É o caso normal no sacrifício hindu, que é o mais rigorosamente individual possível.

12 Por exemplo, *Ilíada*, A, 313-ss.

13 É o caso em particular dos sacrifícios verdadeiramente totêmicos, daqueles nos quais o próprio grupo faz o papel de sacrificador, matando, dilacerando e devorando a vítima, e ainda de muitos sacrifícios humanos, sobretudo os do endocanibalismo. Mas em geral o simples fato de assistir é suficiente.

14 Na Índia antiga o dono da casa (*grhapali*) às vezes sacrifica por toda a sua família. Quando ele é apenas participante nas cerimônias, sua família e sua mulher (esta última presente nos grandes sacrifícios) recebem alguns efeitos delas.

15 Segundo Ezequiel (XLV, 17; cf. II Crônicas XXXI, 3), o príncipe (*naçi* = exilarca) devia arcar com os custos do sacrifício das festas, fornecer as libações e a vítima.

16 Isso será abordado no capítulo 4.

17 A ser abordado no capítulo 4. Citaremos particularmente os sacrifícios para a entrada de um hóspede na casa: Trumbull 1896: 1-ss.

18 Sobre a aliança pelo sangue e a maneira como foi associada ao sacrifício, ver Smith 1889, lect. IX; Trumbull 1893.

19 Sobre a consagração dos cabelos, ver Wilken 1884; Smith 1889, lect. IX: 324-ss; Hartland 1894-96, II: 215.

20 Levítico II, 1-ss; VI, 7-ss; IX, 4-ss; X, 12-ss; Ezequiel XXIII, 18; XXXIV, 25; Amós IV, 5. A *minhâ* cumpre de tal maneira a função de qualquer outro sacrifício que uma *minhâ* sem óleo nem incenso substitui um *hattât* e porta o mesmo nome (Levítico V, 11). Com frequência se falou de *minhâ* no sentido geral de sacrifício (ex.: I Reis XVIII, 29). Inversamente, na inscrição de Marselha a palavra *zebah* é aplicada com o sentido de *minhâ* a oblações vegetais: *c. I. s.* 165, 1. 12; 1. 14; 167, 1. 9 e 10.

21 Levítico II.

22 Aristófanes, *Pluto*, 659-ss; Stengel 1898: 89-ss.

23 Porfírio, *De Abstinentia* II, 29; Diógenes Laércio VIII, 13 (Delos); Stengel 1898: 92; Plínio, *N.* II, XVIII, 7; Schol. Pers. II, 48.

24 R. Smith (1889: 230-ss) chega a ver nas libações de vinho e óleo dos rituais semíticos equivalentes do sangue das vítimas animais.

25 Bernhard 1885; Fritze 1893.

26 νηφάλια e μελίχοατον. Ver Stengel 1898: 93, 111; Frazer 1898, III: 583.

27 Stengel 1898: 99. Nos costumes atuais, uma libação com aguardente às vezes substitui antigos sacrifícios (cf. Bahlmann 1898: 341; Sartori 1891: 25).

28 Ver os textos citados por Hillebrandt (1879: 42-43).

29 Será que essas oferendas vegetais substituíram os sacrifícios sangrentos, como o queria a fórmula romana "*In sacris simulata pro veris accipi*" (Servius, *Ad. Æn.*[sobre a Eneida de Virgílio] II, 116; Festus 360, b)? Certamente era cômodo imaginar uma passagem progressiva do sacrifício humano ao sacrifício animal, deste ao sacrifício de estatuetas que representavam animais e daí às oferendas de bolos. É possível que em alguns casos, aliás mal conhecidos, a introdução de novos rituais tenha produzido essas substituições. Mas nada autoriza generalizar esses fatos. A história de alguns sacrifícios apresenta mesmo uma sucessão inversa. Os animais moldados em massa sacrificados em algumas festas agrárias são imagens de demônios agrários, e não simulacros de vítimas animais. Mais adiante, a análise dessas cerimônias mostrará as razões disso.

30 Resulta dessa definição que há analogias e diferenças entre a pena religiosa e o sacrifício (ao menos o sacrifício expiatório). A pena religiosa implica igualmente uma consagração (*consecratio bonorum et capitis*) e também é uma destruição que resulta dessa consagração. Os ritos são bastante semelhantes aos do sacrifício para que R. Smith tenha visto neles um dos modelos do sacrifício expiatório. Só que no caso da pena a manifestação violenta da consagração se aplica diretamente ao sujeito que cometeu o crime e que o expia ele próprio; no caso do sacrifício expiatório, ao contrário, há substituição e é sobre a vítima que incide a expiação, não sobre o culpado. Todavia, como a sociedade é contaminada pelo crime a pena é ao mesmo tempo um meio de lavar o que foi manchado. Assim, o culpado cumpre em relação a ela o papel de uma vítima expiatória. Pode-se dizer que há ao mesmo tempo pena e sacrifício.

31 Ver Müller s/d: LXIII; *Kât.çr.sû.* 1, 2, 10, 12 e coment. de Mahidh *ad loc.*, esp. p. 11; cf. *Kulluka ad Manu*, 2, 25; *Vedânta Sâra*, 7-ss (ed. Böthlingk, in *Sanskrit-Chresto*, 254-55). Essa classificação parece ser atestada apenas por autoridades bastante recentes, enquanto as outras remontariam aos textos mais antigos. Mas de fato ela se verifica. Primeiro, nas coleções litúrgicas que distinguem das fórmulas regulares (*yajus*) as dos ritos facultativos (*kâmyestiyajyâs*) e as dos ritos expiatórios (*prayaçcittâni*). Também se verifica nos bramanas, que (no *Taitt.Br.*, por exemplo) dedicam longas seções tanto às expiações quanto aos votos particulares e aos sacrifícios. Enfim, os sutras distinguem os ritos em constantes (*nilyâni*), obrigatórios e periódicos, e em facultativos (*kamyâni*), ocasionais (*naimittikâni*) e expiatórios (*prayaçcittâni*). Essas divisões são conhecidas tanto pelo ritual solene quanto pelo ritual doméstico (cf. Oldenberg, in S. B. E. XXX: 306-07). Esses textos contêm igualmente passagens relativas aos ritos curativos (*bhaisajyâni*) paralelos àqueles mencionados pelo *Kauçika sûtra* (Adh. III, ed. Bloomfield, 1890). Isso mostra que desde o princípio os sacrifícios foram de fato repartidos segundo essa divisão, que só mais tarde se tornou consciente.

32 O *vâjapeya* (Weber 1892: 765-ss; Hillebrandt 1890, I: 247).

33 Por exemplo, para obter um filho, vida longa (Hillebrandt 1897: §58, 66). Esses sacrifícios são extremamente numerosos, e mesmo mais numerosos do que nos mostram os textos publicados.

34 O princípio é tão rigoroso que se expõe o ritual do sacrifício antes do ritual do estabelecimento do altar (idem: §59).

35 Idem: §66.

36 Traduzimos assim a palavra *soma*, do composto *somayajna*, como um nome comum. O termo é intraduzível, pois *soma* designa ao mesmo tempo a *planta vítima*, o *deus que produz o sacrifício* e o *deus sacrificado*. Feita essa ressalva, optamos por isso.

37 De faro, o *soma* só pode ser sacrificado no momento em que está em flor, na primavera (cf. *Açvalâyana soma prayoga*, in *Mss. Wilson* 453, *Boley*, Oxf. f. 137.).

38 Com efeito, há a maior analogia possível entre o ritual do sacrifício do animal a Agni e Soma (*Ap.çr.sû.* VII) e o ritual atarvânico da morte da *vaçâ* (vaca estéril) (*Kauç.sû.* 44-45). Do mesmo modo, no ritual doméstico os diversos sacrifícios animais, inclusive o do touro expiatório (comentado mais adiante), são tão análogos que puderam uns ou outros, segundo as escolas, servir de tema fundamental à descrição (Hillebrandt 1897: §44).

39 Deuteronômio XII, 6, 11, 27 (cf. Levítico XVII, 8; Juízes XX, 26) e II Samuel VI, 17 etc. mencionam apenas a *ôlâ* e o *zebah* ou *shelamin*. A questão de saber se essas passagens se relacionam a rituais anteriores ou paralelos não tem importância para o objeto específico de nosso trabalho. Sobre a teoria segundo a qual os sacrifícios expiatórios só foram introduzidos tardiamente no ritual hebraico, cf. Benzinger 1894: 441, 447-ss. A passagem I Samuel III, 14 é muito vaga para que se possa concluir contra a existência do *hattât*. Em todo caso, é impossível admitir que os sacrifícios expiatórios sejam transformações da multa pecuniária.

40 Levítico IV, 2.

41 *Shelamin* = *zebah shelamin*. Sobre a equivalência dos *zebahim* e do *zebah shelamin*, cf. Benzinger 1894: 135.

42 Na tradução da palavra *ôlâ* seguimos a interpretação tradicional fundada na expressão bíblica "ele fez subir a *ôlâ* [a subida]" (cf. Clermont-Ganneau 1898: 599; sobre o *àvon* e sua expiação, ver Halévy 1898: 49). Um outro tipo de pecado cuja expiação o ritual previu, o *asham* (Levítico V), não parece ter dado ensejo a uma forma especial de sacrifício. O sacrifício que o expia é às vezes designado pelo nome de *asham*, mas segundo o Levítico (V) a cerimônia expiatória se compõe de *hattât* e de *ôlâ*. O Levítico (VII, 2-7) identifica o *hattât* e o *asham* (cf. Números V, 9-ss). Mas Ezequiel (XL, 39; XLII, 13; XLVI, 20) distingue formalmente os dois sacrifícios.

43 A inscrição de Marselha (*C. I. S.* I, 165) apresenta uma redução análoga dos diversos sacrifícios a três sacrifícios-tipos: o *kalil*, que equivale à *ôlâ* hebraica; o *sauat, sacrificium laudis* ou *orationis*, que equivale ao *shelamin*; e o *shelem-kalil*. A linha 11 menciona apenas dois sacrifícios particulares, o *shasaf* e o *hasut* (*C. I. S.* I, 233). Deve o *shelem-kalil* ser considerado uma justaposição de sacrifícios? (Barton 1894:

LXVII-LXIX). A inscrição 167 (Cartago) distingue apenas *Kelilim* e *Sauat* (Clermont-Ganneau 1898: 597-99).

44 Êxodo XXIX; Levítico VIII.

45 Levítico XII, 6.

46 Levítico XIV (cotejar Levítico XIV, 7 com Êxodo XXIV, 20).

47 Os sacrifícios gregos deixam-se dividir bastante facilmente em comuniais e expiatórios e em sacrifícios aos deuses infernais e aos deuses do céu. Eles são classificados desse modo em Stengel 1898, mas essa classificação só é aparentemente acertada.

48 Levítico IV; VII, 14; IX, 21 etc.

49 Levítico X, 16.

50 Ezequiel XLIII, 19-ss; XLV, 19 (cf. a purificação do leproso: Levítico XIV, 7).

51 Êxodo XXIX, 20.

2. O ESQUEMA DO SACRIFÍCIO

52 O princípio da entrada no sacrifício é constante no ritual. Ele é notavelmente expresso no sacrifício do *soma*, no qual a *prâyaniyesti*, o sacrifício de entrada, responde exatamente à *adayaniyesti*, sacrifício de saída (*Çat.Br.* 3, 2, 3, 1; 4, 5, 1, 1; *Ait.Br.* 4, 5, 1 e 2; *Taitt.Br.* 5, 6, 1, 5, 3, 4). Simples ritos e consagração direta geralmente são suficientes para preparar os sacrifícios, mas há casos em que o sacrifício principal é precedido de sacrifícios preliminares. Tais as *"praecidaneae"* romanas (Gell. 4, 6, 7). Os προθύμχτα não são do mesmo gênero (Eurípedes, *Ifigênia em Áulis* 1.310-18; Paton 1891 38, 17), mas outros sacrifícios lhes são correspondentes (Paton 1891. 38, 12).

53 Sobre a *diksâ*, ver Lindner 1878, que estuda apenas os textos teológicos e os compara. Aliás, os textos do *Çat.Br.*, do *Ait.Br.* e da *Taitt.S.* são realmente completos sobre a questão. Oldenberg (1894a: 398-ss) vê na *diksâ* um rito de ascetismo comparável aos ritos do xamanismo. Ele não atribui valor ao simbolismo das cerimônias e julga-o de data recente. Sua explicação, embora mostre apenas um aspecto dos fatos, parece se conciliar bastante bem com a nossa (para o conjunto dos textos brâmanes, ver Lévi 1898: 103-06). Para a tradução da palavra *diksâ*, seguimos a opinião de Weber (1892: 778). A *diksâ* é apenas vagamente indicada no *Rig Veda*, e nem precisava sê-lo, pois tem um lugar preponderante em todo o resto da literatura védica. O sucesso desse rito, aliás muito bem conservado, foi imenso nos rituais purânicos e tântricos.

54 Ver Lévi 1898: 103.

55 *Taitt.S.* 6, 1, 1, 1.

56 Desse rito, espalhado na maior parte das religiões, os textos hindus dão uma excelente interpretação: os cabelos, as sobrancelhas, a barba, as unhas das mãos e dos pés são a "parte morta", impura, do corpo, e são cortados para que ele fique puro (*Taitt.S.* 6, 1, 1, 2).

57 Lévi 1898: 87-88; *Taitt.S.* 6, 1, 1, 5; *Çat.Br.* 3, 1, 2, 4, 5.

58 É o rito da *apsudiksâ* (*Ap.çr.sû.* X, 6, 15-ss), que simboliza ao mesmo tempo sua purificação (ver o mantra *Taitt.S.* 1, 2, 1, 1 = *V. S.* 4, 2, a = *R. V.* 10, 17, 10 e *A. V.* 6, 51, 2) e sua nova concepção. Eis aqui a série dos símbolos, segundo o *Ait.Br.* 1, 3, 1-ss: "O banho significa sua concepção, a cabana é seu útero; a vestimenta, o âmnio, a pele do antílope negro, o cório" etc. Aliás, as escolas variam ligeiramente sobre as significações e a ordem dos ritos.

59 *Ap.çr.sû.* X, 6, 6. O mantra é *Taitt.Br.* 3, 7, 7, 1. Cf. *V. S.* 4, 2 c; *Çat.Br.* 3, 1, 2, 20.

60 *Ap.çr.sû.* X, 6, 11-ss, X, 7, 1-ss; *Taitt.S.* 6, 1, 1, 4, 5 etc.

61 *Ap.çr.sû.* X, 8, 11, 12. Segundo alguns textos (*Ait.Br.*, loc. cit.; *Çat.Br.* 3, 2, 1, 2), essa pele de antílope é uma das membranas do embrião-deus, o *didiksamâna*, aquele que se inicia. Outros textos de igual valor (*Taitt.S.* 6, 1, 3, 2) dizem que se trata simplesmente de revestir o sacrificante com a pele do animal brâmane a fim de que ele adquira a qualidade de brâmane.

62 *Ap.çr.sû.* X, 11, 2.

63 *Ap.çr.sû.* X, 9, 10; *Taitt.S.* 6, 1, 3, 3; Weber 1868: 358, n. 4.

64 *Ap.çr.sû.* X, 11, 5-ss; *Taitt.S.* 6, 1, 4, 3.

65 *Ap.çr.sû.* X, 11, 7-ss; X, 12, 1, 13-18.

66 Seu *âtman*, sua individualidade. Ele se tornou uma "oferenda aos deuses" (*Ait.Br.* 6, 3, 9, 6, 9, 6; *Çat.Br.* 3, 3, 4, 21). "É o que é explicado no Bramana. Quando esse *diksita* fica magro, ele se torna puro [*medhyo*, sacrificial]. Quando ele não tem mais nada, ele se torna puro. Quando a pele toca os ossos, ele se torna puro. É gordo que ele é iniciado, é magro que ele sacrifica. O que de seus membros está ausente, ele o sacrificou" (*Ap.çr.sû.* X, 14, 10). Pelo jejum o sacrificante despoja tanto quanto possível seu corpo mortal para adquirir uma forma imortal. Vê-se como as práticas ascéticas se introduziram no sistema do sacrifício hindu (Lévi 1898: 83, n. 1). Desenvolvidas desde esse momento, elas puderam se tornar a totalidade do sacrifício no bramanismo clássico, no jainismo e no budismo. Por exemplo, o jejum búdico *uposadha* corresponde exatamente ao jejum *upavasatha*, da noite *upavasatha* do sacrifício ordinário, o qual corresponde ao jejum do *dîksita* (*Çat.Br.* 1, 1, 1, 7; a associação é feita por Eggeling *ad loc.* in *S. B. E.* XII, cf. *Çat.Br.* 2, 1, 4, 2 etc.; sobre o jejum da *diksâ*, *Çat.Br.* 3, 2, 2, 10, 19). Desde o *Çat.Br.* (9, 5, 1, 1-7 etc.) as virtudes do ascetismo são consideradas tão grandes quanto as do sacrifício. Não é necessário assinalar a analogia que há aqui com as práticas semíticas, gregas e cristãs. O jejum sacrificial do Kipur tornou-se o modelo dos outros jejuns judaicos. Essas ações preparatórias com frequência se transformaram no tipo do sacrifício de si. Em muitos casos o ascetismo preliminar do sacrifício tornou-se o sacrifício inteiro.

67 Hillebrandt 1879: 3-4; *Çat.Br.* 1, 1, 1, 7-ss e passagens citadas na nota anterior; Schwab 1896: XXII, 39.

68 *Çat.Br.* 1, 1, 1, 1-ss.

69 Números IX, 14; XV, 13-15, 29. Cf. Pausânias II, 27, 1; Eurípedes, *Electra* 795; *C.I.A.* II, 582-83.

70 Os incircuncisos não podem participar das cerimônias do culto (Ezequiel XLIV, 7; Êxodo XII, 43, 45, 48; Levítico XXII, 10, 12, 13; cf. Heródoto VI, 6; Dittenberger 1898-1901, 26, 358, 373). Na Índia clássica e mesmo védica, somente os membros das três castas superiores tinham o direito de sacrificar.

71 Ateneu IV: 149 C; VI,: 262 C.

72 Dittenberger op. cit. 373, 9; Festus, p. 82; Lampridius, *Héliogabale*, 6. Cat., *R.R.* LXXXIII (sacrifício a Mars Silvanus). Os casos de expulsão das mulheres por ocasião das cerimônias são bastante numerosos.

73 Levítico VII, 19-21; Crônicas XXX, 17, a propósito do sacrifício da Páscoa; cf. *C. I. G.* 3.562. No entanto, algumas impurezas eram admitidas em alguns sacrifícios (ex.: Números IX, 10; *Odisseia*, O. 222-ss).

74 Êxodo XIX, 22.

75 Êxodo XIX, 10-ss; Números XI, 18-25. As interdições de relações sexuais por ocasião de uma cerimônia qualquer são de resto um princípio religioso quase constante.

76 Cf. Pausânias X, 32, 9 (panegírico de Tithorea).

77 Gênesis XXXV, 2; Êxodo XIX, 4; XL, 12; Levítico VIII, 6; Números VIII, 7. Cf. Stengel 1898: 97; Marquardt 1843-64: 248, n. 7; *Ilíada*, A. 313-ss.

78 Levítico XXIII, 27, 32 (jejum do Kipur); Números XXIX, 7. Cf. o jejum do comungante e do sacerdote antes da missa católica.

79 Ver alguns exemplos em Frazer 1890, II: 76.

80 Gênesis XXXV, 2; Êxodo XXIX, 8; XL, 14; Levítico VIII, 13 (consagração de Aarão). Cf. Pausânias II, 35, 4 (procissão das *Chtonia* de Hermíone); Plutarco, *Cons. Apol.* 33, p. 119. Usar roupas especiais e besuntar o corpo ou a figura fazem parte do ritual de quase todas as festas conhecidas.

81 Porfírio, *Vida de Pitágoras*, 17.

82 Reinach 1897: 5-ss.

83 Stengel 1898: 98; Menandro, "Le laboureur" (ver *Rev. des Études Grecques*, 1898: 123); Samter 1897: 393-ss; Festus, 117.

84 Números VIII, 7; cf. Luciano, *De Dea Syria*, 55.

85 Sobre o conjunto das cerimônias preparatórias (*ikrâm* = santificação), as atuais peregrinações a Meca correspondem aos antigos sacrifícios (Wellhausen 1897: 79-ss). As peregrinações a Hierápolis apresentavam as mesmas práticas (Luciano, loc. cit.). O mesmo para os peregrinos do antigo Templo (Jeremias XII, 5). Ver Smith 1889: 333, 481 (nota adicional).

86 Os casos que não são tomados do ritual doméstico e nos quais o sacrificante oficia ele próprio são bastante raros nas religiões que estudamos. Na Judeia havia apenas o sacrifício da Páscoa, em que na ausência de um levita ou fora de Jerusalém se podia matar uma vítima. Na Grécia, por exemplo, o sacrifício a Anfiarus (Oropos) pode ser apresentado pelo sacrificante na ausência do sacerdote (*c. i. g. g. s.* 235). No ritual hindu, ninguém que não seja brâmane pode sacrificar nos três fogos do grande sacrifício, mas a presença do brâmane não é indispensável no culto familiar (Hillebrandt 1897: 20).

87 Êxodo XXIX; Levítico VIII; Números VIII.

88 Ezequiel XLIV, 9, 11.

89 II Crônicas XXX, 17. Os levitas sacrificam a Páscoa pelos impuros. Na ausência do sacrificante hindu podia-se realizar por ele alguns ritos essenciais (Hillebrandt 1879: 146, n. 7).

90 Êxodo XXVIII, 38; Números XVIII, 1-3.

91 Essas duas características são bem marcadas no que diz respeito ao brâmane. Por um lado, ele é de tal maneira o representante do sacrificante que se torna senhor de sua vida (cf. Lévi 1898: 12). Por outro, é de tal modo o representante dos deuses que costuma ser tratado como tal quando o convidam ao sacrifício e ele recebe sua parte sacerdotal (ver mais adiante). Sobre o caráter do brâmane no ritual, ver Weber 1868: 135. Cf. *Çat.Br.* 1, 7, 1, 5, onde os brâmanes são chamados "deuses humanos".

92 Cf. Frazer 1890, I: 300 (culto de Átis e Cibele); Pausânias VIII, 13, 1; Frazer 1898, IV: 223; V: 261; Back 1883.

93 Pausânias VI, 20, 1.

94 Pausânias VIII, 15, 3 (culto de Deméter na Arcádia); Polyaen. VIII, 59 (culto de Atena em Pelene). Para a vestimenta do sacerdote romano, ver Samter 1897: 393. Segundo Macróbio (III, 6, 17) sacrifica-se a cabeça velada na *Ara Maxima*: "*Ne quis in aede dei habitum ejus imitetur*".

95 Cf. Frazer 1890, I: 286, 288, 343, 368, 370; II: 2, 27; Höfler 1896: 5.

96 No caso em que o próprio brâmane era sacrificante e no caso de um *sattra*, sessão ritual, grande sacrifício em que os sacerdotes eram submetidos à *diksâ* ao mesmo tempo que o sacrificante, rei ou nobre. Em todos os outros casos prescreviam-se para o brâmane somente pequenas lustrações: lavar com água a boca, as mãos etc. Esse rito era sempre obrigatório quando eram mencionadas forças malignas (*Çankhâyana-grhya-sûtra* I, 10, 9; *Kât.çr.sû.* I, 10, 14).

97 Êxodo XXX, 20, 21. Cf. Rawlinson, *W. A. I.* 23, 1, 15, em relação às mãos. A lavagem das mãos do sacerdote e dos fiéis é um costume tanto na sinagoga como no ritual católico.

98 Levítico X, 9; Ezequiel XLIV, 21. Jos. *Ant.* 3, 12, 2; *Bell. Jud.* 5, 5, 7; Phil. *De Ebr.*, p. 377-ss.

99 Levítico VI, 3; XIV, 4, 32; Êxodo XXVIII, 40, 42.

100 Levítico VI, 4; XVI, 23; Ezequiel XLIV, 19.

101 Êxodo XXVIII, 35; Ezequiel XLII, 11-14 (o texto dos *Setenta* [versão grega do Antigo Testamento] é preferível).

102 Êxodo XXVIII, 43; XXX, 20-21.

103 Levítico X, 1-ss.

104 I Samuel IV, 11.

105 Ver o relato legendário em *Gem. ad Talm. J.* (*Traité Yoma*, I, 1, 5, traduzido por Schwab), que diz que um sumo sacerdote que cometesse uma heresia ritual no dia do Kipur morreria na mesma hora, que vermes sairiam de seu nariz e um casco de bezerro de sua testa, como acontecera com os sacerdotes da família de Baithos.

106 Cf. *Tossifta Soukka*, III, 16.

107 Servimo-nos da Mischnâ e do Talmude de Jerusalém (para maior comodidade, remetemos à tradução de Schwab: *Traité Yoma*, caps. II, III, Schwab, V, p. 155). Ver Derenbourg 1883; Houtsma 1897.

108 Levítico XVI.

109 Levítico XVI, 2.

110 *Talm. J. Yoma* (Schwab, p. 161). Por ocasião do Kipur reforçava-se a pureza sacerdotal e chegava-se ao isolamento absoluto.

111 Durante esses sete dias o sumo sacerdote fazia o serviço vestindo o grande traje pontifício, que tinha virtudes particulares (Êxodo XXVIII).

112 A cela de Beth-Abdinos.

113 Ib., I, 5. *Mischnâ*. A *Gemara* (ad. loc.) dá várias explicações desse rito incompreendido. Uma delas parece indicar o que pode ter sido seu sentido verdadeiro: os anciãos choram porque são forçados a abandonar e a deixar isolado o pontífice, cuja vida é ao mesmo tempo tão preciosa e tão frágil.

114 Para isso, ou ele mesmo faz a exegese bíblica, ou escuta os doutores, ou ainda lhe leem passagens bíblicas. A prescrição de ocupar-se com as coisas sagradas na véspera do sacrifício, de falar delas e somente delas, é também uma prescrição do sacrifício hindu; é ainda uma prescrição sabática, geralmente das festas na maioria dos rituais conhecidos. As vigílias cristãs, de início especialmente pascais e depois multiplicadas, são talvez a imitação das doutas conversas da noite da Páscoa judaica.

115 Perdas seminais: tal é a explicação, correta mas parcial, que oferece nosso texto. De fato, é preciso lembrar que o sono frequentemente é considerado um estado perigoso, pois a alma é então móvel e está fora do corpo, podendo não retornar a ele. Ora, a morte do sumo sacerdote seria uma calamidade, o que é prevenido pela vigília. O sono é também perigoso para o *dîksita* hindu, que dorme protegido por Agni junto ao fogo e numa posição especial (*Taitt.S.* 6, 1, 4, 5, 6).

116 *Talm.* I, 2 e *Gem.*, p. 168; cf. *Mischnâ*, ib., III, 3.

117 Hemerologia do mês de elul (Rawlinson, W. A. I., IV, p. 32, 3). Ver Jastrow 1898.

118 Stengel 1898: 13 (sacrifícios aos deuses celestes).

119 Idem (sacrifícios aos deuses ctonianos); Pausânias II, 24, 1 (Argos), sacrifício a Apolo Δειραδιώτζς. Ver adiante, sobre o sacrifício do touro a Rudra. A fixação da hora e do dia em que se deve fazer o sacrifício é um dos pontos mais bem definidos pelos rituais hindus e outros. A constelação sob a qual se sacrifica tampouco é indiferente.

120 Levítico XVII, 3-5.

121 Fique bem entendido que não queremos afirmar nenhuma anterioridade do lugar de consagração constante sobre o lugar consagrado para uma ocasião determinada. Deixamos completamente de lado a questão.

122 Êxodo XXIX, 37, 44; Números VIII, 15-ss; II Samuel VI, 17; I Reis VIII, 63 etc. Quanto à proibição de sacrificar noutros lugares que não Jerusalém, ver Levítico XVII, 3-4; Deuteronômio XII, 5-ss; XIV, 23; XV, 20; XVI, 2-ss. É certo que essa proibição é de data recente (ver II Reis XXIII). Parece mesmo que sempre subsistiram na Palestina "pequenos altares" (*Mischnâ*, in *Megilla*, I, 11, 12; *Talm. J.*, Schwab, pp. 220, 222-23; *Talm. Babl. Zebahim*, 116 a).

123 Êxodo XX, 24; Deuteronômio XII, 5.

124 Êxodo XXIX, 42-46 etc.

125 Êxodo XXIX, 38; cf. Porfírio, *De Abstinentia* I, 25. Sobre a perpetuidade do fogo do altar e a maneira como o destino de Israel está ligado ao do Templo, ver Daniel IX, 27; VIII, 11-15; XI, 31. Isso se tornou um tema legendário da literatura judaica.

126 Êxodo XXX, 10; Ezequiel XLV, 14.

127 Conquanto que ele fosse propício e declarado "sacrificial" (*yajñiya*) pelos brâmanes.

128 Sobre o estabelecimento dos fogos, ver Hillebrandt 1897: 59; Koulikovski 1889: 151-ss; Weber 1865: 216; Eggeling *ad Çat.Br.*, in S. B. E. XII: 247-ss.

129 Os materiais com os quais e sobre os quais ele é aceso e preparado (os *sambharas*) correspondem a um mito muito importante (*Taitt.Br.* 1,

1, 3 e 5; *Çat.Br.* 2, 1, 4). São coisas nas quais parece residir algo de ígneo, de particularmente vivo. Tão vivo que a lenda vê em algumas delas as formas primitivas do mundo. Essa criação do fogo simboliza a criação do mundo.

130 O fogo é sempre criado por fricção nas ocasiões do estabelecimento dos fogos, do sacrifício animal e do sacrifício do *soma* (ver Schwab 1896: §47, pp. 77-ss; Weber 1850: 197, n. 3; Kuhn 1886: 70-ss). Desde o *Rig Veda* os brâmanes estabeleceram concepções panteístas em torno dessa criação do fogo-deus. Assim, somente o fogo do sacrifício é excelente, somente ele é o Agni completo. Contém "os três corpos de Agni": sua essência terrestre (o fogo doméstico), atmosférica (relâmpago) e celeste (sol); contém tudo o que há no mundo de animado, de quente, de ígneo (*Taitt.Br.* 1, 2, 1, 3, 4).

131 É até mesmo um dos epítetos mais antigos de Agni (Bergaigne 1878-83, II: 217).

132 Levítico x, 2; Juízes VI, 11-ss (sacrifício de Gedeão); XIII, 19-ss (Manué); I Reis XVIII, 38 (Elias); I Crônicas XXI, 26 etc. A preparação dos fogos ocupa um lugar importante nos outros rituais. Sobre a necessidade de um fogo puro: Levítico x, 1. Sobre a renovação dos fogos no México: Sahagun s/d, II: 18; Chavero s/d: 77; em Lemnos: Filóstrato, *Heroica* XIX, 14; *B. Corr. Hell.* XVIII, 87, 92; na Irlanda: Bertrand 1897: 106. Cf. Frazer 1890: II: 76, 194; 1898, II: 392; V: 521. Nas religiões indo-europeias, ver Knauer 1893: 64.

133 Ele se torna o "*devayajana*", o lugar do sacrifício aos deuses. Convém ver nos bramanas as especulações místicas sobre esse ponto. O *devayajana* é o único terreno firme da terra, e está aí somente para servir de lugar de sacrifício aos deuses. Esse lugar é também o ponto de apoio dos deuses, sua cidadela; foi daí que, tomando impulso (*devâyatana*), eles subiram ao céu. É ainda o centro do céu e da terra, o umbigo da terra. Por mais estranhas que pareçam tais expressões, lembremos que para os judeus o templo era o centro da terra, assim como Roma o era para os romanos; e nos mapas medievos Jerusalém figurava como o umbigo do mundo. Essas ideias não estão tão distantes de nós. O centro religioso da vida coincide com o centro do mundo.

134 O nome tornou-se até mesmo o dos claustros búdicos. Não podemos acompanhar nem os detalhes nem a ordem rigorosa dos ritos do sacrifício animal hindu. A cerimônia de acender o fogo é proclamada, ao menos por uma escola (*Kât.çr.sû.* VI, 3, 26), indissolúvel das cerimônias de introdução da vítima.

135 Ver os planos do terreno em Hillebrandt 1879: 191 e Eggeling, in S. B. E. XXIII, final.

136 Ela é medida exatamente, e toma as formas as mais diversas conforme os sacrifícios (Hillebrandt 1879: 47-ss; Schwab 1896: 13-ss; Thibaut, trad. do *Baudhayana-çulbaparibhâsa-sûtra*, in Pandit. Benares, IX, 1875). No caso do nosso sacrifício animal há duas *vedi*: uma que é mais ou menos a ordinária que descrevemos no texto e outra sobrelevada (Schwab 1896: 14, 21) e sobre a qual está um fogo, que é um dos fogos do sacrifício (*Ap.çr.sû.* VII, 7, 3; cf. Schwab 1896: 37). Guardadas as proporções, elas são construídas ou escavadas da mesma maneira.

137 *Taitt.S.* 1, 1, 9, 1, 9. Os mantras exprimem que as más sortes são afastadas e que os deuses protegem a *vedi* de todos os lados. Os que acompanham a elevação da *uttarâ vedi* exprimem sobretudo a segunda ideia (*Taitt.S.* 1, 2, 12, 2), em particular os que acompanham a lustração do altar construído.

138 No *Rig Veda* (II, 3, 4; V, 31, 12; VI, 1, 10) os deuses portam o epíteto "*barhisadas*": os que se sentam no cesto do sacrifício (ver Grassmann 1873).

139 Para a enumeração desses instrumentos, ver Schwab 1896: 44; *Ap.çr.sû.* VII, 8.

140 Geralmente os utensílios sagrados de um templo não devem sair dele. Assim, em Jerusalém os cutelos eram encerrados numa cela especial, a dos *halifoth* (*Talm. J. Soucca*, V, 8, *Gem.* Schwab, VI, p. 51, *Middoth*, IV, 7 *Gem.*; *Yoma*, III, 8). Alguns sacrifícios exigem utensílios especiais e novos. É o caso do sacrifício doméstico da Páscoa; o mesmo na Grécia (cf. Paton 1891 38, 25; 39, 6; Frazer 1890, II: 107).

141 Sobre a purificação, ver Schwab 1896: n. 35.

142 *Ap.çr.sû.* VII, 9-6. Ele é fixado de tal modo que uma de suas metades fique dentro do limite da *vedi* e a outra fora.

143 Busca-se a árvore de tipo determinado (*Taitt.S.* 6, 3, 3, 4; *Ap.çr.sû.* VII, 2, 1), que é ungida e cortada com precauções; unge-se e encanta-se o tronco. São cerimônias que indicam claramente, como notou Oldenberg (1894a: 256), um caso de antigo culto da vegetação. O autor (idem: 90) também associa esse poste aos postes sacrificiais em geral e em particular à *ashera* semítica, igualmente fixada no altar (ver Smith 1889: 187, n. 1). Ambas as associações são em parte fundamentadas.

144 *Ap.çr.sû.* VII, 10, 1-ss. Para o sentido do rito, ver *Taitt.S.* 6, 3, 4, 2, 3. O rito inteiro é certamente antigo. Enquanto o *yûpa* é ungido, fincado no solo e erguido, são recitados mantras do *Rig Veda* (o *hotar*, *Açv.çr.sû.* 3, 1, 8). Os mantras têm a seguinte ordem: I, 36, 13, 14, III, 8, 13, 2, 5, 4 (hino *âpri*); quando há vários animais sacrificados e vários postes, III, 8, 6, II. O mesmo ritual é prescrito em *Ait.Br.* 6, 2, 17, 23, que comenta os versos do *Rig Veda*. Esse hino exprime já as diversas funções do *yûpa*, que mata os demônios, protege os homens, simboliza a vida, leva as oferendas aos deuses e sustenta o céu e a terra (*Taitt.S.* 6, 3, 4, 1, 3).

145 O sacrificante também fica segurando o *yûpa* por um certo tempo (*Ap.çr.sû.* 7, 11, 5). Segundo alguns sutras, a mulher e o oficiante fazem o mesmo (a tradição dos *Apastambins* parece ser a melhor). Em todos esses casos, é o sacrificante que faz uma parte das unções e passa a mão ao longo de todo o poste. Esses ritos têm por finalidade identificar o sacrificante ao poste e à vítima, da qual ele toma o lugar por algum tempo.

146 *Ait.Br.* 6, 1, 1; *Çat.Br.* 1, 6, 2, 1.

147 *Taitt.S.* 6, 3, 4, 3, 4; 6, 3, 4, 7; *Çat.Br.* 3, 7, 1, 2, 5.

148 Ele tem o tamanho do sacrificante quando este está sobre uma carroça ou de pé e com os braços levantados (*Taitt.S.* 6, 3, 4 ,1; *Ap.çr. sû.* VII, 2, 11-ss).

149 *Taitt.S.* 6, 3, 4, 4.

150 Supomos que o que é verdade em relação à *vedi* e ao *yûpa* também vale em geral para os altares ou pedras de adoração sobre as quais, ou ao pé das quais, se sacrifica. O altar é o sinal da aliança dos homens e dos deuses. De uma ponta a outra do sacrifício o profano se une ao divino.

151 Daí a prece dita no começo de todo sacrifício pelo sacrificante: "Possa eu me igualar a esse rito" (*Çat.Br.* 1, 1, 1, 7). Daí sobretudo a metáfora corrente nos textos sânscritos que compara o sacrifício a um pano que se tece e se estica (R. V. X, 130; Bergaigne e Henry 1890: 125; Lévi 1898: 79-80, n. 1).

152 Lévi 1898: 23-ss. Toda falta ritual é um *corte* no pano do sacrifício. Com esse corte as forças mágicas se evadem e fazem o sacrificante morrer, enlouquecer ou arruinar-se. Não é preciso recordar os casos famosos, relatados pela Bíblia, de heresias rituais terrivelmente punidas: os filhos de Eli, a lepra do rei Osias etc. É que em geral é perigoso manipular as coisas sagradas. Na Índia védica, por exemplo, é preciso cuidar para que o sacrificante não toque a *vedi* (*Çat.Br.* 1, 2, 5, 4), não toque ninguém com o sabre de madeira mágico etc.

153 As expiações rituais têm por finalidade precisamente isolar os efeitos das faltas cometidas durante o rito (cf. Servius, *Ad Æn.* IV, 696 ["*Et sciendum si quid caeremoniis bom fuerit observatum, piaculum admitti*"]; Arnob. IV, 31; Cic., *D. har. resp.* XI, 23). Do mesmo modo, em Jerusalém o suplício do sumo sacerdote expiava todas as faltas leves cometidas durante o rito (Êxodo XXVIII, 38; cf. *Talm. J. Yoma* II, 1 [Schwab, V, p. 176]).

154 Aqui temos um curioso paralelo a estabelecer com as teorias do ritual judaico. Um cordeiro consagrado ao sacrifício pascal não podia ser trocado (*Talm. Mischnâ. Pesachim* IX, 6); da mesma forma, um animal designado para um sacrifício devia ser sacrificado mesmo se morresse a pessoa por quem o sacrifício deveria ser feito (id.; *Haggigha* I, 1 *Gem.*, final. Schwab, VI, p. 261). Pela mesma razão, na véspera do Kipur fazia-se passar diante do sumo sacerdote todos os animais que ele deveria degolar no dia seguinte, a fim de que ele não fizesse confusão entre as diversas vítimas.

155 Sabe-se que a atitude geralmente recomendada é o silêncio (ver mais adiante). Cf. Marquardt 1843-64: 178.

156 Ver Lévi 1898: 112-ss.

157 Esses casos compreendem aqueles em que as vítimas são ou foram seres totêmicos. Mas não é necessário, logicamente, que animais sagrados sempre tenham tido esse caráter (Marillier 1898: 230-31; Frazer 1890, II: 135-38), como afirma, por exemplo, Jevons (1896: 55). Essa teoria é em parte defendida por R. Smith (1884: 308-ss; 1889: 357-ss). A verdade é que de um modo ou de outro há uma relação definida entre o deus e a vítima, esta chegando ao sacrifício geralmente já consagrada

(Stengel 1898: 107-ss; Marquardt 1843-64: 172; *Bull. Corr. Hell.* 1889: 169; *Schol. Apoll. Rhod.* II, 549 [sacrifício de pombas]; Ramsay 1893, I: 138; Pausânias III, 14, 9 e Frazer *ad loc.*; Plutarco, *Questiones romanæ*, 111; Ath. VIII, p. 346, d. [sacrifício do peixe em Hierápolis] etc.). Noutros casos, o deus recusava certas vítimas (Pausânias II, 10, 4; X, 32, 8; Heródoto IV, 63). Javé só admite quatro espécies de animais puros: ovinos, bovinos, caprinos e pombas.

158 Esse é também um caso muito geral. Assim, o cavalo do *açvamedha* era cuidado e adorado durante vários meses (Hillebrandt 1888: 40-ss); o mesmo vale para a *meriah* dos Khonds da Índia, para o urso dos aïnos [Ásia oriental] etc., casos bastante conhecidos.

159 Essa é um prescrição tanto védica quanto bíblica, e talvez geral. No que concerne ao sacrifício animal hindu, ver Schwab 1896: XVIII; Zimmer 1879: 131; *Kât.çr.sû.* 6, 3, 22; *Ap.çr.sû.* VII, 12, 1; *Taitt.S.* 5, 1, 1. No que concerne às vítimas do Templo, ver Êxodo XII, 5; Levítico XXII, 19-ss; Deuteronômio X, 21; XVII, 1; Malaquias I, 6-14 etc. Cf. também Stengel 1898: 107.

160 Assim, o cavalo do *açvamedha* devia ser de cor avermelhada. Ele tinha o nome de *Rohita*, "vermelho", e era um símbolo do sol (Henry 1889). Sobre as vítimas vermelhas, ver Festus, 145; Diod. I, 88; Frazer 1890, II: 59. Sobre as vacas pretas, para obter chuva, ver mais adiante. Na Grécia (Stengel 1898: 134, n. 1), as vítimas destinadas aos deuses celestes geralmente eram claras; as que se ofereciam aos deuses ctonianos eram sempre escuras.

161 Ver mais adiante.

162 Paton 1891, 37, 22; Stengel 1898: 97-ss; Mannhardt 1875, II: 108.

163 *Ilíada*, K, 294; *Odisseia*, L, 304; Rawlinson, W. A. I. IV, pp. 22, 37-ss.

164 Pausânias X, 32, 9.

165 Cf. Frazer 1890, II: 145, 198.

166 Chavero s/d: 644.

167 Porfírio, *De Abstinentia* II, 154.

168 *Ap.çr.sû.* VII, 12, 1.

169 *Ap.çr.sû.* VII, 12, 10. Os mantras dessas libações são *Taitt.S.* 1, 4, 2. Curiosamente, esses mantras reaparecem em A. V. II, 34 (cf. Weber 1855: 207) e são empregados (*Kauç.sû.* 57, 20) no momento da iniciação do jovem brâmane. É que na verdade se trata de uma espécie de introdução no mundo religioso. Libações por ocasião da apresentação da vítima verificam-se com bastante frequência (Paton 1891. 40, 9; na Assíria, Inscrição de Sippora, IV, 32).

170 *Taitt.S.* 1, 3, 7, 1; 6, 3, 6, 1, 2; *Ap.çr.sû*, VII, 12, 6;. v. s. 6, 5; *Maitr.S.* 5, 3, 9, 6; *Çat.Br.* 3, 7, 3, 9-ss; *Kât.çr.sû.* 6, 3, 19.

171 *Ap.çr.sû*, VII, 12, 6. O deus, no presente caso, é Prajâpati-Rudra (cf. *Taitt.S.* 3, 1, 4, 1, comentado por *Taitt.S.* 3, 1, 4, 5). Essa invocação não é praticada por outras escolas.

172 Cf. Marquardt 1843-64: 175; Frazer 1890, II: 110-ss. Isso era ainda mais natural quando se tratava de uma vítima humana (cf. Servius, *ad Æn.* III, 57; Eurípedes, *Heráclidas*, 550-ss; *Fenícias* 890; Ath. XIII, 602; Chavero s/d: 610; Macpherson 1865: 146) e muito mais quando a vítima era um deus.

173 *Ap.çr.sû.* VII, 13-8. O mantra é *Taitt.S.* 1, 3, 8, 1, comentado em 6, 3, 6, 3: "*dhsra manusa*", "fortalece-te, ó homem!". Uma outra tradição (*v. s.* VI, 8; *Çat.Br.* 3, 7, 4, 1) quer que a fórmula se dirija ao animal: "*dhsra manusâm*", "fortalece os homens". Acreditamos, contrariamente à opinião de Schwab (1896: 81, n. 2), que o texto dos *Taittiriyas* está mais fundado na natureza do rito. Os *Vâjasaneyins* representam, tanto aí como noutras partes, uma tradição mais depurada e racionalizada. A aproximação com R. V. 1, 63, 3 não prevalece.

174 *Ap.çr.sû.* VII, 13, 9 e coment. Dizem-lhe: "És um bebedor de água" (*v. s.* VI, 10 a; *Taitt.S.* 1, 3, 8, 1). Ludwig [Schläfli] (*ad R. v.* X, 36, 8; cf. Schläfli 1876-88, IV: 233) pensa (cf. *Sây. ad Taitt.S.*) que o sentido é: "Tem sede de água". Mas o sentido que adotamos é o indicado em *Çat.Br.* 3, 7, 4, 6 (cf. *Taitt.S.* 6, 3, 6, 4 final, bem como os coment. em *v. s.*, loc. cit., e em *Kât. çr.sû.* 6, 3, 32). Ao se fazer o animal beber, este se torna interiormente puro. Assim, também o sacrificante enxágua a boca antes do sacrifício.

175 *Ap.çr.sû.* VII, 13-10.

176 Fritze 1897: 255-ss. Stengel pensa que os οὐλαί são o pão da refeição divina. Em Mégara, no sacrifício a Tereus, os οὐλαί eram substituídos por seixos (Pausânias I, 41, 9; cf. Lefébure 1897: 151; 1898: 15). Na Sicília, os companheiros de Ulisses, ao sacrificarem três bois ao sol, serviram--se de folhas em vez de οὐλαί (Pausânias II, 9, 4). O lançamento de οὐλαί pode ser um meio de comunicação entre o sacrificante e a vítima, ou ainda uma lustração fecundante comparável ao lançamento de grãos sobre a noiva.

177 É a cerimônia do *paryagnikryia*, o andar em círculo com o fogo (*Ap.çr.sû.* VII, 15, 1). O rito é com certeza da mais alta antiguidade, pois o sacerdote (o *maitravaruna*, cf. Weber 1865: 188) repete (*Acv.çr.sû.* II, 2, 9-ss) o hino R. V. IV, 5, 1-3 (ver trad. e notas de Oldenberg in S. B. E. XLVI). O sentido do rito é tríplice. Primeiramente, é um giro do fogo, de Agni, deus-sacerdote dos deuses, depositário dos tesouros, que sacramenta a vítima e a conduz aos deuses mostrando-lhe o caminho – tal é o sentido dos três versos do R. v. empregados nessa ocasião e compostos especialmente para ela (*Ait.Br.* 6, 5, 1; 6, 11, 3). A vítima é assim divinizada (*Taitt.S.* 6, 3, 8, 2; *Çat.Br.* 3, 8, 1, 6). Em segundo lugar, é um simples círculo mágico: afastam-se os demônios que rodeiam, como os deuses, a vítima. Finalmente, é um giro ritual bom, feito da esquerda para a direita, no sentido dos deuses (*Baudhayana-çulbaparibhâsa-sûtra* II, 2, apud Caland 1896), que possui uma virtude mágica por si mesmo. Sobre a questão do andar em círculo em torno das vítimas, ver Simpson 1896, a respectiva resenha que fizemos em *Année Sociologique*, 1897 [2] e sobretudo a exaustiva monografia de Caland (1898: 275-ss). O rito é fundamental nos rituais hindus doméstico (*Pâraskâra-grihya-sûtra* I, 1, 2) e solene (Hillebrandt 1879: 42; *Çat.Br.* 1, 2, 2 e 3), é mais ou menos geral nas populações indo-europeias (Caland 1898) e bastante difundido um pouco em toda parte.

178 II Reis III, 27; Ezequiel XVI, 36; Gênesis XXII; Deuteronômio XII, 31, Salmos CVI, 37; Luciano, *De Dea Syria*, 58. Cf. lenda de Athamas (Preller 1872-75, II: 312); Basset 1897: n. 91; Höfler 1896: 3; sacrifício de um membro da família (Porfírio, *De Abstinentia* II, 27); lenda de Çunahçepa (Lévi 1898: 135). Os exemplos dessa nova representação são particularmente numerosos no sacrifício de construção (Sartori 1898: 17).

179 Ex.: I Crônicas XXI, 23-ss (Davi na eira de Ornã).

180 Levítico I, 4; III, 2; IV, 2; XVI, 1; Êxodo XXIX, 15, 19; Números VIII, 10; XXVII, 18, 13; Deuteronômio XXIV, 9; Salmos LXXXIX, 26; Tylor 1876-78, II: 3; Smith 1889: 423.

181 *Ap.çr.sû.* VII, 15, 10, 11. O mantra diz então (*Taitt.S.* 3, 1, 4, 3) que o "sopro", a vida do sacrificante, está, como seu desejo, ligado ao destino do animal (3, 1, 5, 1). A escola do Yajur-Veda branco não prescreve mantra (*Kât.çr.sû.* VI, 5, 5) e ademais, diferença notável, não faz celebrar oferendas expiatórias nesse momento. Mas o rito de comunicação, bem como sua teoria, permanece o mesmo (*Çat.Br.* 3, 8, 1, 10; *Taitt.S.* 6, 3, 8, 1). Os brâmanes discutem: "É preciso tocar o animal, dizem uns; mas ele é levado à morte, esse animal; se o tocassem por trás, o *yajamâna* morreria subitamente". Outros dizem: "Ele é levado ao céu, esse animal;

se ele [o sacrificante] não o tocasse por trás, ele estaria separado do céu. Por isso é preciso tocá-lo com os dois espetos da *vapâ*. Assim, ele é como que tocado e não tocado" (cf. 6, 3, 5, 1). O *Çat.Br.* explica que a comunicação é misteriosa, ao mesmo tempo inofensiva e útil para o sacrificante, cujos voto e alma vão para o céu com a vítima.

182 Não examinamos a questão da "apresentação" da vítima ao deus e da invocação que a acompanha na maioria das vezes: seríamos levados a explanações muito longas, pois aqui se trata das relações do sacrifício e da prece. Digamos apenas que há ritos manuais, como atar o animal ao poste (como já vimos) ou aos chifres do altar (Salmos CX-VIII, 27; Levítico I, 11; Smith 1889: 322), e ritos orais: convites aos deuses, hinos aos deuses, descrição das qualidades da vítima, definição dos resultados que se espera. Pede-se a consagração do alto por todos esses meios reunidos.

183 Aludimos às libações ditas *aparyâni* do sacrifício animal hindu (Schwab [1896: 98, n. 1], comentando *Taitt.Br.* 3, 8, 17, 5, associa a palavra à raiz "*pû*": "purificar"). Elas se verificam apenas nas escolas do Yajur--Veda negro. No entanto, faz-se a separação do animal por meio do giro ao redor do fogo e no momento em que ele é levado ao lugar onde será morto (*Ap.çr.sû.* VII, 15, 4; os mantras são *Taitt.S.* 3, 1, 4, 1, 2, explicados em 3, 1, 5, 1). As fórmulas exprimem que os deuses se apoderam do animal e que este vai para o céu; que esse animal representa os outros, nos rebanhos dos quais Rudra-Pajâpati é o senhor; que ele é do agrado dos deuses e dará vida e riqueza aos rebanhos; que ele é a parte de Rudra--Prajâpati, o qual ao receber sua progênie, ao amarrá-la, "vai deixar de amarrar" (fazer morrer) os seres vivos, animais e homens etc.

184 Stengel 1898: 101; Heródoto II, 39, 40; Marquardt 1843-64: 192 (em Roma); Smith 1889: 430-31; Frazer 1890, I: 364; II; 102-ss. Talvez se devesse associar a essas práticas o luto da *Flaminica* durante a festa das *Argeii* (Plutarco, *Questiones romanæ*, 86).

185 Esse rito – bastante geral, como mostrou Frazer – é notavelmente expresso pelo ritual hindu. No momento de matar a vítima, entre as fórmulas que o sacerdote ordenador, o *maitravaruna*, recita, as do *adhrgunigada* (*Açv.çr.sû.* III, 3, 1, explicado em *Ait.Br.* 6, 6, 1), que figuram entre as mais antigas do ritual védico, encontra-se a seguinte: "Eles nos entregaram esse ser, sua mãe e seu pai, sua irmã e seu irmão da mesma linhagem e seu companheiro da mesma raça" (*Ap.çr.sû.* VII, 25, 7, com *Taitt.S.* 3, 6, 11, 2; cf. Schwab 1896: 141, n., e *Çat.Br.* 3, 8, 3, 11; *Ap.çr.sû.* VII, 16, 7; *Taitt.S.* 6, 3, 8, 3 e *Çat.Br.* 3, 8, 1, 15).

186 O *çamitar*, "apaziguador", nome eufemístico do sacrificador, pode ser ou não um brâmane (*Ap.çr.sû.* VII, 17, 14). Em todo caso, é um brâmane de condição inferior, pois carrega o pecado de ter matado um ser sagrado, às vezes inviolável. Há no ritual uma espécie de imprecação contra ele: "Que em toda a tua raça jamais um apaziguador faça tais coisas", isto é, que possas não ter sacrificador entre teus parentes (seguimos o texto de *Açr.çr.sû*, III, 3, 1, adotado por Schwab, e não *Ait. Br.* 6, 7, 11).

187 Elien, *De la nature des animaux*, XII, 34 (Tenedos); Smith 1889: 305.

188 Porfírio, *De Abstinentia* II, 29-30; Pausânias I, 24, 4; 28, 10; mito da instituição das *Karneia*: Pausânias III, 13, 4; Usener 1898: 359-ss; Stengel 1898: 140; Platão, *Leg.* IX, 865.

189 Ver Frazer 1898, III: 54-ss.

190 Diz-se: "Vire seus pés para o norte, dirija seu olhar para o sol, espalhe ao vento sua respiração, à atmosfera sua vida, às regiões sua audição, à terra seu corpo". Essas indicações (*Açv.çr.sû.* III, 3, 1; *Ait.Br.* 6, 6, 13) são importantes. A cabeça está virada para o oeste porque esse é o caminho geral das coisas: aquele para onde vai o sol, aquele que os mortos seguem, por onde os deuses subiram ao céu etc. A orientação das vítimas é um fato muito significativo. Infelizmente as informações semíticas, clássicas e etnográficas são relativamente pobres sobre a questão. Na Judeia, as vítimas eram presas aos chifres do altar de diferentes lados conforme a natureza do sacrifício, e parece que tinham a cabeça voltada para leste. Na Grécia, as vítimas aos deuses ctonianos eram sacrificadas com a cabeça contra o chão; as destinadas aos deuses celestes, com a cabeça voltada para o céu (*Ilíada*, A. 459 e Schol.). Cf. os baixos-relevos que representam o sacrifício mitraico do touro em Cumont 1896-99.

191 *Ap.çr.sû.* VII, 17, 1; *Açv.çr.sû.* III, 3, 6. Do mesmo modo, na missa católica os fiéis se inclinam na Elevação.

192 Diz-se ao animal que ele vá para o céu, para junto dos seus, que não morra, que não fique ferido, que siga no caminho dos bons, o caminho de Savitar (o Sol), o caminho dos deuses etc. (*Ap.çr.sû.* VII, 16; *Taitt.Br.* 3, 7, 7, 14).

193 *Kât.çr.sû.* VI, 15, 19. É importante que o corpo esteja intacto no momento da morte.

194 Tal é a ordem repetida três vezes (*Açv.çr.sû.* III, 3, 1, 4).

195 Exemplo em Maspero 1871: 335-36 (Estela de Napata).

196 Isso acontecia em todos os casos do ritual hebraico (Levítico I, 5 etc.), salvo no sacrifício dos pombos, cujo pescoço era cortado com a unha (Levítico I, 14, 15). Na Grécia, cf. *Odisseia*, T, 449; Apolônio de Rhodes, *Argonáuticas*, I, 429-ss; Sófocles, *Ajax*, 296-ss.

197 Apedrejamento de Pharmakos nas Targélias: Eurípedes, *Andrômaca*. 1.128; Istros, *F.H.G.* I, 422; festa de λιθοβόλια em Trezeno: Pausânias II, 32; Mannhardt 1875, II: 419, 548, 552. O apedrejamento parece ter tido por finalidade "dividir a responsabilidade" entre os assistentes (Jevons 1896: 292). Vítima atingida à distância: Suidas βουτόπος (Porfírio, *De Abstinentia* II, 54-ss).

198 Dion. Hal., VII, 72, p. 1.459; Apolônio de Rhodes, *Argonáuticas*, I, 426.

199 Smith 1889: 370.

200 Na Índia védica prescrevia-se uma série de expiações caso o animal fizesse sinais sinistros depois de sua entrada na área do sacrifício (*Taitt. Br.* 3, 7, 8, 1, 2; Schwab 1896: 76, n. 46) e quando, preparado para a asfixia, emitisse um grito ou tocasse seu ventre com a pata (*Ap.çr.sû.* VII, 17, 2, 3; *Taitt.S.* 3, 1, 5, 2). Em relação a outros fatos, ver Weber 1859: 377-ss.

201 É conhecido o princípio bíblico que exigia que todo sangue fosse consagrado a Deus, mesmo o dos animais mortos na caça: Levítico XVII, 10; XIX, 25; Deuteronômio XII, 16, 23, 25; XV, 23. Na Grécia, cf. *Odisseia*, T 455, 427; Stengel 1898: 401; Höfler 1896: 5. Mesma precaução em relação ao leite (Höfler 1896).

202 Na Judeia, o sangue recolhido nos vasos era entregue ao sacerdote oficiante (Levítico I, 5; IV, 12) e este fazia o uso ritual. Na Grécia, em alguns sacrifícios o sangue era recolhido numa taça σφάγιον ou σφαγεῖον (Pol. X, 65; Xenofonte, *Anabase*, II, 2, 9).

203 Smith 1889: 417; Heródoto IV, 60 (sacrifício cita). Em algumas tribos do Altai quebra-se a espinha dorsal da vítima (Kondakov e Reinach 1891: 181).

204 Pausânias VIII, 37, 5; Smith 1889: 368.

205 Mannhardt 1875, I: 28-ss.

206 Plutarco, *De Ísis e Osíris*, 15, 17; Mannhardt 1875, II: 52.

207 Wiedemann 1878: 89; Morgan & Wiedemann 1896-97: 215; Frazer 1890, II: 90.

208 Heródoto III, 91. Ver os fatos conhecidos em Frazer 1890, II: 112-ss.

209 Levítico IV, 5, 7, 16-19; XVII, 11. Essa última passagem frequentemente serve de base para se afirmar que a virtude expiatória do sacrifício pertence ao sangue. Mas esse texto significa simplesmente que o sangue posto no altar representa a vida da vítima consagrada.

210 Êxodo XXX, 10; Levítico XVI, 16. Ver sobretudo *Talm. J. Yoma. Misch.* V, 4, 6.

211 Levítico IV, 25, 30; VIII, 14; IX, 9; XVI, 16; Ezequiel XLIII, 20.

212 Levítico I, 5; III, 2; IX, 12.

213 O costume de pintar certos ídolos de vermelho certamente provém dessas unções primitivas (Frazer 1898, III: 20-ss; Heródoto IV, 62; Sprenger 1861-65, III: 457; Kingsley 1897: 451; Marillier 1898: 222).

214 Stengel 1898: 121; Michel 1897: 714 (Mykonos); Hall 1898: 96-97 (Bagandas).

215 Ateneu VI, 261, D.

216 Smith 1889: 435-ss; Muller e Wieseler 1854-77: prancha LIX (imagem de Hera Αἰγοράγος).

217 Ex. em Tebas: Heródoto II, 42.

218 Varrão, *De R. R.* I, 29, 3.

219 Levítico I, 6, 8, 9; IX, 13; Êxodo XXIX, 17. Os ossos não deviam ser quebrados (Êxodo XII, 46; Números IX, 12).

220 Levítico VII, 14; IX, 21; X, 14-15; XIV, 12, 21.

221 São conhecidas as interdições bíblicas de ingerir o sangue, que é a vida e que pertence a Deus: I Samuel XIV, 32, 33; Deuteronômio XII, 23; Levítico XVII, 11; Gênesis IX, 2-5. Cf. Virgílio, *Geórgicas.* II, 484; Servius, *ad Æn.* III, 67; V, 78; Ellis 1890: 112; Marillier 1898: 351.

222 Levítico III, 3, 4, 16-ss; VII, 23; IX, 19, 20; quanto aos *shelamin*: IV, 8-ss, 19, 31; IX, 10. Na Grécia: Stengel 1898: 101; Paton 1891, 38; Hésych. ἐνδρατα; Heródoto IV, 62.

223 Levítico I, 9, 13, 17; II, 2, 9; Salmos LXVI, 15. Cf. Clermont-Ganneau 1898: 599; *Ilíada*, A. 301.

224 Levítico XXI, 8, 17, 21; Ezequiel XLIV, 7; Heródoto IV, 61. Sobre os *Hirpi sorani* e a maneira como os lobos levavam embora a carne dos sacrifícios, ver Mannhardt 1875, II: 332.

225 *Odisseia*, T, 51-ss, H, 201-ss.

226 No ritual hebraico a vítima era fervida ou bem assada. Sobre as vítimas fervidas, ver I Samuel II, 13; Heródoto IV, 61.

227 Ver acima.

228 Êxodo XXIX, 32-ss; Levítico VII, 8, 14; I Samuel II, 13-ss; Ezequiel XLIV, 29-ss; *C. I. S.* 165, 167.

229 Levítico X, 16-ss; cf. IV, 11; VI, 18-ss.

230 A disputa foi decidida por uma distinção: a vítima devia ser queimada "fora do acampamento" quando o sangue tivesse sido levado ao santuário, isto é, salvo no sacrifício do Grande Perdão; nos outros casos a carne pertencia aos sacerdotes (Levítico VI, 23; X, 18; cf. IV, 21; VIII, 17; IV, 11).

231 Cf. *Act. Fr. Arv.* a. 218 (*C.I.L.* VI, 2.104): "*et porcilias piaculares epulati sunt et sanguinem postea*". Servius, *ad Æn.* III, 231.

232 Êxodo XXIX, 27-ss; Levítico VII, 13, 29-ss; X, 14; Números V, 9; VI, 20; XVIII, 8-ss; Deuteronômio XVIII, 3.

233 Levítico VI, 19, 22: somente os homens podem comer do *hattât* e é preciso que estejam puros. Levítico X, 14: as mulheres dos *cohanim* são aceitas para os *shelamin*, mas devem comer num lugar puro. Ezequiel XLVI, 20: as carnes são sempre cozidas numa câmara sagrada.

234 Paton 1891, 37, 21, 51; 38, 2, 5; 39, 10-ss; Michel 1897: 714 (Mykonos), 726 (Mileto); *B.C.H.* 1889: 300 (Sinope); Pausânias, V, 13, 2; Stengel 1879: 687-ss.

235 Rohde [1928], II: 15.

236 Heródoto IV, 161; VI, 57.

237 Paton 1891, 38, 17.

238 Plutarco, *Quæst. Symposiacæ* [*Les Symposiaques ou les propos de table – Quæstiones conviviales*], VI, 8, 1 (Esmirna); Virgílio, *Eneida* VI, 253; Servius, *ad loc.*; Tautain 1897: 670. A versão bíblica grega dos *Setenta* traduziu *ôlâ* por "holocausto".

239 Levítico I, 9; IX, 14; IX, 20; I, 17; Ezequiel XL, 38.

240 Deuteronômio XXXIII, 10; *ôlâ kalil*: I Samuel VII, 9; em Salmos LI, 21 o *kalil* é distinguido da *ôlâ*.

241 Luciano, *De Dea Syria*, 58; Herodiano, V, 5-ss; Lampridius, *Héliogabale*, 8; Movers 1841-56, I: 365; Plutarco, *De Ísis e Osíris*, 30. Nas Targélias: Am monios, p. 142 Valck.; cf. Mannhardt 1884: 136, n. 1. Nas Tesmofórias: *Rhein. Mus.*, XXV: 549 (Schol. em Luc., *Dial. mer.* II, 1). Em Marselha: Servius, *Ad. Æn.* III, 57. No Dia do Perdão o bode de Azazel era também precipitado do alto de um rochedo (*Talm. J. Misch. Yoma* VI, 3, 7).

242 Há alguma analogia entre essas precipitações e o afogamento de vítimas praticado em algumas festas agrárias (cf. Stengel 1898: 120-ss; Mannhardt 1875, II: 278, 287; Rohde [1928], I: 192).

243 Levítico XVII, 26.

244 Estrabão, X, 2, 9.

245 Levítico XIV, 53.

246 Plutarco, *Quæst. Symposiacæ*. VI, 8, 1. Ver alguns fatos do mesmo gênero, cujo número poderia ser facilmente acrescido, em Frazer 1890, II: 157-ss.

247 Levítico IX, 22. O *Çat.Br.* (2, 3, 4, 5) exprime maravilhosamente o mesmo princípio: "O sacrifício pertence aos deuses; a bênção, ao sacrificante".

248 Levítico XIV, 7; Wellhausen 1897: 174 (iniciação). Na Grécia: Xenofonte, *Anabase*. II, 9 (juramento); Frazer 1898, III: 277, 593 (purificação).

249 Luciano, *De Dea Syria*, 55; Pausânias I, 34, 3 (deita-se sobre a pele da vítima); Frazer 1898, II: 476; Stengel 1898: 146; Lenormant 1884: 352; Smith 1889: 437-38.

250 Smith 1889: 383-84.

251 Números XIX, 9: cinzas da vaca ruça que servem às águas de lustração; Ovídio, *Fastos*, IV, 639, 725, 733.

252 Jeremias XXXIV, 18-ss; I Reis XVIII, 36. O rito parece ter feito parte de um sacrifício sacramental, simbólico de um contrato (cf. Gênesis XIII, 9-ss; Plutarco, *Questiones romanæ*, 111).

253 Sabe-se que o nome técnico das carnes do *zebah shelamin* etc. que podiam ser consumidas em Jerusalém era *qedashim* = santidades (cf. *Setenta*, κρέα ἅγια, XI, 15). Cf. Jeremias XI, 15; Smith 1889: 238.

254 No *zebah shelamin*, com exceção das partes reservadas, o sacrificante tem direito a tudo.

255 Smith 1889: 237-ss.

256 Levítico VII, 15-18; XIX, 5-8; Êxodo XXIX, 34. Cf. Mannhardt 1875, II: 250; Frazer 1890, II: 70.

257 Levítico VII, 15; XXII, 29, 30. Ver Dillmann & Knobel 1886, XII: 448.

258 Êxodo XII, 10; XXIII, 18; XXIV, 25; Deuteronômio XVI, 4.

259 Pausânias X, 38, 6; Frazer 1898, III: 240; Smith 1889: 282, 369; Ateneu VII, p. 276.

260 Pausânias II, 27, 1; VIII, 38-6; Hesych. *s. v.* Ετσ'ίᾳ θύομεν; Paton 1891, 38, 24.

261 Pausânias X, 32, 9 (culto de Ísis em Tithorea): os restos da vítima permaneciam expostos no santuário de uma festa a outra, e antes de cada festa eram retirados e enterrados.

262 Levítico IV, 11; VI, 4; XIV, 4; cobria-se com terra o sangue das aves mortas no templo. Em Olímpia havia um monte de cinzas diante do altar: Pausânias X, 13, 8; cf. Frazer 1898, III: 556; Stengel 1898: 15.

263 A mulher do sacrificante assiste a todos os sacrifícios solenes hindus num lugar especial, levemente atada, e é objeto de alguns ritos que de certo modo lhe comunicam os eflúvios do sacrifício e asseguram sua fecundidade (*Kât.çr.sû.* VI, 6, 1-ss; *Ap.çr.sû.* III, 18, 12).

264 Ele faz beber todos os sopros *sarvân prânân* (*Ap.çr.sû.* VII, 18, 6); enquanto o oficiante asperge com água todos os membros (*Taitt.S.* 1, 3, 9, 1; 6, 3, 9, 1; *v. s.* VI, 14; *Çat.Br.* 3, 8, 2, 4, 7), deve-se reconstituir *nâsike* etc. (in *Taitt.S.*). A cerimônia tem vários sentidos. Os *Taittiriyas* exageraram o aspecto propiciatório: a morte é "uma dor", uma chama que arde com os sopros e que é preciso acalmar. Para isso faz-se que os sopros bebam água, e a dor e a chama partem com a água na terra (*Çat. Br.* 3, 8, 2, 8, 16). Os *Taittiriyas* têm mantras dirigidos a cada orifício: "Bebe", e não "Purifique-se" (*Vâjasaneyins*), expressão que corresponde ao nome mesmo do rito. A explicação dos *Vâjasaneyins* insiste no aspecto purificador do rito; eles dizem: "Purifique-se". A vítima é uma vida, é mesmo o *amrta* (alimento imortal, a imortalidade) dos deuses. Ora, o animal é morto quando o asfixiam e o acalmam, mas as águas são os sopros da vida (contêm os princípios vitais). Assim, essa lustração substitui os sopros. A vítima volta a viver e a ser alimento imortal dos imortais (*Çat.Br.*, loc. cit.).

265 *Ap.çr.sû.* VII, 18, 14 (mantras: *Taitt.S.* 1, 3, 9, 2; 6, 3, 9, 2) propõe um rito mais preciso (cf. *Kât.çr.sû.* VI, 6, 11), mas os textos da escola do *Rig Veda* (*Açv.çr.sû.* III, 3, 1; *Ait.Br.* 7, 7, 1, 10) falam simplesmente de espalhar o sangue para os demônios, a fim de que se afastem. A discussão instituída a esse respeito é interessante: explica-se que os demônios, como os deuses, assistem aos sacrifícios e que também a eles devem ser dadas suas partes, porque se estas não lhes fossem dadas para se afastarem (*nir-ava-dâ*; cf. Oldenberg 1894a: 218; *Taitt.S.* 6, 3, 9, 2) eles "obsedariam" o sacrifício e sua família. Diversas outras partes da vítima são assim atribuídas aos demônios, como as gotas de sangue que escapam por ocasião do cozimento do coração (*Kât.çr.sû.* VI, 7, 13); além disso, o estômago e os excrementos e os talos de relva sobre os quais se derrama o sangue recolhido (*Ap.çr.sû.* não oferece esses detalhes; ver Schwab 1896: 137) são enterrados na "fossa dos excrementos", fora do lugar sacrificial (*Ap.çr.sû.* VII, 16, 1; *Açv.çr.sû.* III, 3, 1). O *Ait.Br.* (6, 6, 16) dá uma outra interpretação a esse enterramento. Os textos variam bastante sobre as partes dadas aos demônios. Foi visto como rito irreligioso (*Ait.Br.* 6, 7, 2) convidar os inimigos dos deuses ao sacrifício. Mas os ritos são claros: em geral todos os restos não utilizáveis dos sacrifícios (por exemplo, os farelos dos grãos amassados para fazer um bolo) são rejeitados, expulsos. Pode-se comparar com esses fatos a prática grega do sacrifício aˈΗραγαμηλία, quando era jogada fora a bile da vítima (Plutarco, *Conj. Prœc.* [*Preceitos conjugais*], 27), e a prescrição bíblica de enterrar o sangue das aves de purificação. Cabe observar que o ritual dos sacrifícios na Índia prova que, contrariamente às ideias aceitas, um sacrifício sangrento nem sempre tem necessariamente por princípio o uso do sangue.

266 A parte superior do peritônio, musculosa e gordurosa, "a mais suculenta, para ti, do meio, entre as gorduras, foi retirada, nós te damos" (R. V. III, 21, 5). É a parte central do animal, o princípio de sua vida individual, seu *âtman* (*Taitt.S.* 6, 3, 9, 5), assim como "o sangue é a vida" entre os semitas. É o princípio sacrificial da vítima (o *medhas*) (*Taitt.S.* 3, 1, 5, 2; *Çat.Br.* 3, 8, 2, 28). Ver em *Ait.Br.* 7, 3, 6 um curioso mito ritual.

267 *Ap.çr.sû.* VII, 19, 3-ss. À frente marcha um sacerdote segurando uma tocha acesa, depois o sacerdote que leva a porção com o auxílio de dois espetos (pois ele não deve tocá-la diretamente), depois o sacrificante, que segura o sacerdote, como foi indicado mais acima (*Ap.çr.sû.* VII, 19, 6, 7 e coment.). As razões do rito são as mesmas que aquelas indicadas mais acima (cf. *Taitt.S.* 6, 3, 9, 3 e 4).

268 R. V. III, 21, 5. Trad. Oldenberg (*ad loc.*) do termo *Sâyana* em R. V. e *Taitt.Br.*

269 Todo o rito é muito antigo, pois um dos sacerdotes recita o hino R. V. II, 75, 1 e depois III, 21 por inteiro (*Taitt.Br.* 3, 6, 7, 1-ss; *M.S.* 3, 10, 1. Cf. *Taitt.S.* 6, 4, 3, 5; *Ait.Br.* 7, 2, 5-ss; Schläfli 1876-88, IV: 303). Bergaigne (1889: 18) considera esse hino recente por ser composto de versos com metros variados, isto é, de uma série de fórmulas inteiramente separadas (ver Oldenberg, "Vedic Hymns", in S. B. E. XLVI: 283). É incontestável que as fórmulas são de diversas fontes e foram corrigidas tardiamente, mas são muito anteriores ao hino. Desse modo, se não possui unidade de redação, o hino apresenta uma unidade de objeto, e a maneira como foi composto demonstra que ele se liga a um dos ritos mais antigos. O hino descreve muito exatamente todos os detalhes da operação (cf. *Taitt.S.* 6, 3, 9, 5; *Çat.Br.* 3, 8, 2, 11). Nesse rito sacrificial, um dos mais importantes, os brâmanes encontraram uma significação naturalista.

270 *Ap.çr.sû.* VII, 22, 2.

271 Todos se lavam (*Ap.çr.sû.* VII, 22, 6 = *Kât.çr.sû.* 6, 6, 29 = *Açv.çr.sû.* 3, 5, 1 e 2). Os mantras são *Taitt.S.* 4, 1, 5, 1 = R. V. X, 9, 1-3. *V. S.* VI, 16 oferece o mesmo texto que A. V. VI, 89. O último mantra exprime a libertação da doença, do pecado, da morte, da maldição, divina e humana. Aliás, quando o sacrifício tem por finalidade redimir um homem é o sacrifício da *vâpa* que marca o momento preciso da remissão.

272 Ver Schwab 1896: 126-ss.

273 Ver Schwab 1896: 141, n. 1; Schläfli 1876-88, IV: 361; *Ap.çr.sû.* VII, 27, 7-ss; *Çat.Br.* 3, 8, 3, 10, Eggeling *ad loc.*

274 *Ap.çr.sû.* VII, 25, 8.

275 *Taitt.S.* 6, 3, 11, 1. Durante o sacrifício recitam-se R. V. VI, 60, 13; I, 109, 7 e 6 = *Taitt.Br.* 6, 3, 11, 1-ss, fórmulas de glorificação aos deuses e que descrevem o modo como eles aceitam a oferenda e a consomem assim que lhes é enviada.

276 A Agni, que perfaz os ritos (Weber 1865: 218; Hillebrandt 1879: 118). Quanto aos outros seres aos quais são atribuídas porções (do intestino grosso) numa oferenda suplementar, cf. *Ap.çr.sû.* VII, 26, 8-ss; Schwab 1896: n. 104. Os mantras recitados e as respostas se correspondem bastante mal.

277 Pode-se acrescentar outras, sem ossos (*Ap.çr.sû.* VII, 24, 11).

278 Sobre a *idâ*, ver Oldenberg 1894a: 289-ss.

279 Ver Bergaine 1878-83, I: 323, 325; II: 92, 94; Lévi 1898: 103-ss.

280 Esse momento do sacrifício é bastante importante para que o *Çat. Br.* lhe tenha associado a famosa lenda do dilúvio, que se tornou clássica (*Çat.Br.* 1, 8, 12 inteiro; Eggeling, *ad loc.*, in S. B. E. XII; Weber 1850: 8-ss; Muir 1872, I: 182, 196-ss). Mas os outros bramanas só têm dessa lenda o final, que é somente um artigo de fé brâmane. Segundo eles, foi ao inventar o rito da Idâ, criando assim a deusa Idâ (sua mulher ou sua filha, segundo os textos), que Manu, o primeiro homem ou o primeiro sacrificante, adquiriu posteridade e rebanhos (*Taitt.S.* 1, 7, 1 e 2, por inteiro, 6, 7; *Taitt.Br.* 3, 7, 5, 6). Em todo caso, ela e seu correspondente material representam o gado, são toda a força dele: "*idâ vai paçavo*", *idâ* é o gado.

281 Hillebrandt 1879: 124; Schwab 1896: 148.

282 Hillebrandt 1879: 125.

283 A cerimônia chama-se *idâhvayana*, ou *idopahvâna*, termo que corresponde exatamente à *epiclese* [invocação do Espírito Santo na celebração eucarística] da missa cristã. O texto é *Açv.çr.sû.* I, 7, 7 (ver Hillebrandt 1879: 125-26; Oldenberg 1894a: 290-ss). Os textos em *Çâñkh.çr.sû.* I, 10, 1 e *Taitt.Br.* 3, 5, 8, 1; 3, 5, 13, 1-ss são ligeiramente diferentes. Essa invocação consiste essencialmente numa série de chamados à divindade, que se supõe trazer consigo todas as forças mencionadas, e, por outro lado, em convidar o sacerdote e o sacrificante a tomar sua parte das forças assim acumuladas. O sacrificante diz, durante uma pausa: "que essa oferenda [de leite] seja minha força" (*Ap.çr.sû.* IV, 10, 6; *Taitt.S.* 1, 7, 1, 2).

284 *Taitt.Br.* 3, 5, 8, final, 3, 5, 13, final.

285 O *avântaredâ, idâ* suplementar que ele segura na outra mão (ver Weber 1865: 213). Ele diz: "Idâ, aceita nossa porção, faz prosperar nossas vacas, faz prosperar nossos cavalos. Tu dispões da flor da riqueza, dá-nos ela, alimenta-nos com ela" (*Açv.çr.sû.* 1, 7. 8; cf. *Taitt.S.* 2, 6, 8, 1 e 2).

286 O sacrificante diz: "Idâ, aceita, etc. [...], possamos consumir de ti, nós em corpo e alma [coment. em *Taitt.Br.*], nós todos com toda a nossa gente" (*Taitt.Br.* 3, 7, 5, 6).

287 *Açv.çr.sû.* I, 8, 2.

288 Algumas escolas prescrevem um rito de apresentação aos *mânes* (*Kât.çr.sû.* 3, 4, 16 e 17). O rito, embora antigo (*v. s.* II, 31), é apenas um rito de escola.

289 Ver os mantras em Hillebrandt 1879: 126-ss. É assim que se supõe que a boca de *agnidhra* (sacerdote do fogo) seja a boca do próprio Agni. As porções sacerdotais são portanto porções divinas. Não se trata aqui, como notou Oldenberg, de uma refeição em comum, de um rito de comunhão social, sejam quais forem suas aparências. Na *idâ*, "a porção do sacrificante" tem uma espécie de virtude "medicinal" (Oldenberg); ela dá força ao sacrificante, "ela põe nele o gado", como dizem os textos: *"paçûn yajamâne dadhâti"* (notar o emprego do locativo). Ver *Taitt.S.* 2, 6, 7, 3; *Ait.Br.* 2, 30. 1; 6, 10, 11; *Çat.Br.* 1, 8, 1, 12. A *idâ* faz parte do ritual dos sacrifícios solenes. Acrescentemos que os restos da vítima são em certa medida profanados: os brâmanes e o sacrificante podem levá- -los para casa (Schwab 1896: 149). Não conhecemos regra que prescreva prazos para o consumo dos restos das vítimas, mas existe uma para o consumo de todos os alimentos em geral.

290 Ver mais acima.

291 Pode surpreender que nesse esquema não tenhamos feito alusão aos casos em que a vítima é outra coisa que não um animal. Tínhamos esse direito, relativamente. Com efeito, vimos como os rituais procla- maram a equivalência dos dois tipos de coisas. Por exemplo, em todo o conjunto dos sacrifícios agrários sua identidade intrínseca torna possível a substituição de uns pelos outros, sendo também possível estabelecer simetrias reais entre as vítimas e as oblações sacrificiais. A preparação dos bolos – o modo como eram ungidos de óleo ou man- teiga etc. – corresponde à preparação da vítima. Mesmo a criação da coisa sagrada durante a cerimônia é mais evidente no caso da oblação do que em qualquer outro, pois em geral ela é confeccionada por in- teiro no próprio local do sacrifício. (Quanto à Índia, ver Hillebrandt 1897: § 48, § 64, p. 116; Weber, *Naksatra*, II: 338, informações bastante fragmentárias: *Çankhâyana-grhya-sûtra* IV, 19; quanto à Grécia, ver Stengel 1898: 90-ss; Festus, 129; Frazer 1890, II: 84, 139-ss; Lobeck 1829: 119, 1.080-ss.) Além disso, a destruição tem o mesmo caráter de con- sagração definitiva que a morte de uma vítima animal. Pelo menos, o espírito da oblação é sempre posto fora do mundo real. Há uma única diferença, aliás natural: na maioria dos casos da oblação o momento da atribuição e o da consagração coincidem, sem que a vítima tenha o caráter de uma coisa a eliminar. De fato, a libação é destruída no momento em que escorre do altar, perde-se no chão, evapora-se ou queima no fogo; o bolo ou o punhado de farinha se consomem e partem como fumaça. O sacrifício e a atribuição à divindade formam um único e mesmo ritual. Mas não há dúvida alguma sobre a natureza da destruição: é assim que no ritual hindu a simples colocação de madeira a queimar é, em certos momentos, um sacrifício em si mesma (aludimos aos *sâmidhenî*, cf. Hillebrandt 1879: 74-ss). Enfim, a repartição das porções é, *mutatis mutandis*, análoga à do sacrifício animal: assim é que no sacrifício das luas cheia e nova encontramos porções aos deuses, uma *idâ* etc. Lembremos, por fim, que o mais importante de todos os sacrifícios hindus, aquele em que a vítima é submetida a todos os tratamentos possíveis, o sacrifício do *soma*, é, como o sacrifício cristão, constituído por uma oblação vegetal.

292 Nada é mais explicável, pois são as mesmas pessoas e coisas que estão em jogo; por outro lado, em virtude das leis bastante conhecidas que regem as coisas religiosas, são os mesmos procedimentos de purificação que conferem ou retiram um caráter sagrado.

293 *Ap.çr.sû.* VII, 26, 12; *Kât.çr.sû.* 6, 9, 11; *Taitt.S.* 1, 3, 11, 1 e *Çat.Br.* 3, 8, 5, 5 para o mantra (em *Kât.* um melhor emprego). Faz-se uma série de pequenos sacrifícios (ver Schwab 1896: n. 111) cujas fórmulas exprimem o término do rito.

294 *Ap.çr.sû.* VIII, 27, 4; *Kât.çr.sû.* VI, 9, 12 (um fato digno de nota: *Ap.* toma emprestado o mantra de *v. s.* VI, 21).

295 Hillebrandt 1879; Schwab 1896: 156-59. Durante esse rito é feita uma curiosa recapitulação dos diversos momentos do sacrifício (*Taitt.*

Br. 3, 6, 15 inteiro) e dos benefícios que dele espera o sacrificante: ele irá saborear aquilo que fez os deuses saborearem (*Açv.çr.sû.* 1, 9, 1).

296 Hillebrandt 1879: 147-49.

297 Agradecendo-lhe por ter conduzido aos deuses a oferenda: *Ap.çr. sû.* VII, 28, 2; *Taitt.Br.* 2, 4, 7, 11; *Taitt.S.* 3, 5, 5, 4.

298 *Ap.çr.sû.*, VII, 28, 4; *Ait.Br.* 6, 3, 5.

299 Schwab 1896: 107; Hillebrandt 1879: 140-41.

300 *Ap.çr.sû.* VII, 26, 15; *Çat.Br.* 3, 8, 5, 8; *Taitt.S.* 6, 4, 1, 8; 1, 3, 11; *V. s.* VI, 22; *Ap.çr.sû.* VII, 27, 16.

301 *Ap.çr.sû.* VII, 26, 16-ss; *Taitt.S.* 1, 4, 45, 3.

302 Hillebrandt 1879: 174; Lévi 1898: 66.

303 *Çat.Br.* 1, 1, 1, 4-7.

304 *Avabhria* (Weber 1868: 393-ss; Oldenberg 1894a: 407-ss). Talvez a expressão "fluido" e outras, que Oldenberg utiliza, não sejam as melhores. Mesmo assim ele indicou o sentido do rito tal como aparece, não no *Rig Veda*, onde aliás é mencionado (Grassmann 1873), mas em todos os outros textos rituais e teológicos: *Ap.çr.sû.* VIII, 7, 12-ss; XIII, 19-ss; *Kât.çr.sû.* VI, 10, 1; X, 8, 16-ss.

305 Supõe-se que esses lugares, os tanques de água corrente, os *tîrthas*, ainda hoje locais particularmente sagrados da Índia, sejam a propriedade favorita de Varuna (*Çât.Br.* 4, 4, 5, 10).

306 *Ap.çr.sû.* XIII, 20, 10, 11.

307 *Ap.çr.sû.* XIII, 22, 2, coment. Ao mesmo tempo eles repetem diversas fórmulas, exprimindo que expiem seus pecados, suas faltas rituais, que adquiram força, prosperidade e glória ao assimilarem assim a força mágica das águas, dos ritos e das plantas.

308 Eles dão suas antigas roupas aos sacerdotes; ao abandonarem desse modo sua antiga personalidade e ao vestirem novas roupas eles produzem "pele nova como uma serpente". "Agora não há neles mais pecado do que numa criança sem dentes" (*Çat.Br.* 4, 4, 5, 23).

309 Levítico XVI, 22, 23. Ao sair do jejum ele trocava mais uma vez de roupa e voltava para casa, onde recebia as felicitações dos amigos por ter suportado as provas, cumprido os ritos e escapado a todos os perigos desse dia (*Talm. Yoma* VIII, 8, 5, *Mischnâ*).

310 Levítico XVI, 26.

311 Levítico XVI, 28. Como também aquele que trazia de volta as cinzas da vaca ruça.

312 Sabemos (cf. Ezequiel XLIV, 19) que as roupas dos sacerdotes eram guardadas em "câmaras santas" onde eles se vestiam e despiam antes e depois de se dirigirem ao povo; o contato com essas roupas era perigoso para o leigo.

313 Porfírio, *De Abstinentia* II, 44; Paton 1891. 28, 24; Frazer 1890, II: 54-ss.

314 Levítico VI, 21 (*hattât*).

3. COMO O ESQUEMA VARIA SEGUNDO AS FUNÇÕES GERAIS DO SACRIFÍCIO

315 Platão, *República* VII; Pausânias VIII, 2, 6; VI, 2, 3; Plínio, *História Natural*, VIII, 22; Mannhardt 1875, II: 340. Mesma lenda sobre o santuário de Hyre (Gruppe [1906]: 67-ss; Wellhausen 1897: 162-63).

316 Aludimos aos fatos bem conhecidos desde Mannhardt, Frazer, Sidney e Hartland sob o nome de "alma exterior", aos quais os dois últimos autores associaram toda a teoria da iniciação.

317 Pausânias I, 13, 4. Mesma interdição em Pérgamo para os que haviam sacrificado a Télefo.

318 É propriamente então que se obtém absolutamente a identificação às vezes buscada entre o sacrificante, a vítima e o deus (ver Epístola aos Hebreus II, 11).

319 "Eles se macularam com suas obras e se prostituíram com suas ações" (Salmos CVI, 39).

320 Levítico XI-ss; cf. Marquardt 1843-64: 277; Frazer 1875-89; Jevons 1896: 107-ss.

321 Cf. Rohde [1928], I: 179, 192; Steinmetz 1894, II: 350-ss.

322 É a sanção geral das faltas rituais no Levítico, no Deuteronômio e no Êxodo, assim como em Ezequiel e nos livros históricos: é preciso observar os ritos para não morrer, para não ser atingido pela lepra como o rei Osias (cf. Oldenberg 1894a: 287, 319; Bergaine 1878-83, III: 150-ss).

323 Levítico XVI.

324 Levítico XIV: 1-ss.

325 Sobre os sacrifícios expiatórios gregos, ver Lasaulx 1841: 236-ss; Donaldson 1876: 433-ss. Com relação aos fatos germânicos, ver Jann 1884.

326 Ver Oldenberg 1894a: 287-ss, 522-ss.

327 *Kauç.sû.* 26-18. Para uma série de ritos análogos em toda a Europa, ver Kuhn 1881-1914, XIII: 113-ss. Sobre esse rito, ver Bloomfield, "Hymns of the *Atharva-Veda*", in S. B. E. XLII ad A. V. I, 22 (p. 244); cf. introd. a VII, 116 (pp. 565-67).

328 A. V. I, 22, 4.

329 Sobre os ritos, ver Bloomfield (loc. cit.), introd. a VII, 116; Winternitz 1892: 6, 12, 23, 67; *Kauç.sû.* 18, 17, 16.

330 Traduzimos literalmente. Bloomfield e o comentário explicam (*ad loc.*) pela palavra "corvo".

331 A. V. VII, 115, 1.

332 *Laksmî*, "marca" de infortúnio deixada pela deusa Nirrti (da destruição). Essa marca corresponde tanto à cor negra do corvo quanto ao pequeno bolo que lhe é atado à pata.

333 O lançamento das más sortes sobre o inimigo é um tema constante dos rituais védico, atarvânico e outros.

334 Cf. *Kauç.sû.* 32, 17.

335 Sobre esse rito, ver Oldenberg 1894a: 82, 446, n. 1; Hillebrandt 1897: 83. O rito faz parte do ritual doméstico. Os textos são: *Açv.grh. sû.* 4, 8; *Pâraskâra-grihya-sûtra* 3, 8; *Hiranyakesin* 2, 8, 9; *Ap.grh.sû.* 19, 13-ss.; 201-19. O texto de *Açv.* (4, 8, 35; *Pâr.* 3, 8, 2) parece atribuir a esse rito um sentido de rito de prosperidade. Mas os caracteres do rito são bastante nítidos e o comentário no *Hiranyakesin* 2, 9, 7 (ed. Kirste, p. 153) vê nele um *çânti* a Rudra, deus dos animais, um "modo de apaziguar" o deus com o auxílio de uma vítima que seria "o espeto das vacas" (cf. Oldenberg, trad. do *Hiranyakesin* in *S. B. E.* XXX: 220). Oldenberg vê nesse rito um caso de *Tierfetischismus.* É que ele se dedica a desenvolver o ponto significativo do rito, que é a incorporação do deus na vítima. O rito só chegou até nós por meio de textos bastante recentes, que apresentam divergências importantes. Não podemos expor aqui a análise histórica dos textos. O resultado a que chegamos é que houve três ritos mais ou menos heterogêneos que se fundiram em maior ou menor grau, dois a dois ou todos juntos segundo as escolas e os clãs brâmanes. Expomos sobretudo o rito dos clãs dos Atreyas (*Açv.* e *Pâr.*). Em todo caso, o rito é bastante antigo, e os hinos do *Rig Veda* a Rudra (V, 43; I, 114; II, 33; VII, 46) são, tanto pelos sutras quanto por *Sây.*, consagrados a esse rito, ao qual se aplicam de maneira significativa.

336 Sobre Rudra, ver Oldenberg 1894a: 216-224, 283-ss, 333-ss; Bergaigne 1878-83, III: 31-ss, 152-54; Lévi 1898: 167 (*Ait.Br.* 13, 9, 1). É-nos impossível expor aqui as razões de nossa explicação da personalidade mítica de Rudra.

337 É o ponto sobre o qual todas as escolas estão de acordo: fazem-no cheirar oferendas (cf. Oldenberg 1894a: 82 e a maneira como se faz o cavalo divinizado do *açvamedhâ* aspirar as oferendas: *Kât.çr.sû.* 14, 3, 10), chamam-no com toda a série dos nomes de Rudra – "*Om* [sílaba mágica] a Bhava, *om* a Çarva etc." (A. V. IV, 28) – e recitam-se os textos a Rudra: *Taitt.S.* 4, 5, 1-ss. Ver *Mantrapâtha d'Apastamba*, ed. Winternitz, II: 18, 10-ss.

338 Segundo o *Pâraskâra-grihya-sûtra*.

339 Nada se pode levar do animal à aldeia "porque o deus busca matar os homens". Os parentes não podiam se aproximar do local do sacrifício nem comer a carne da vítima sem autorização e convite especial (*Açv.çr.sû.* 4, 8, 31 e 33; Oldenberg, in S. B. E. XXIX: 258).

340 Para a simplicidade da exposição, subentendemos que a mesma coisa pode se repetir em toda parte, nos mesmos termos dos objetos.

341 Levítico XIV, 10-ss.

342 Números VI, 13-ss; *Talmud J. Traité Nazir* (Schwab, t. IX: 84 ss).

343 *Talmud Nazir* I, 2. O *nâzir* oferece o mesmo sacrifício quando diminui sua comprida cabeleira.

344 Idem, II, 10.

345 Idem, VI, 7 e 8; Números VI, 18.

346 Números VI, 19.

347 Para alguns fatos etnográficos, ver Frazer 1890, II: 62-ss. Seria fácil estender o número de fatos citados. Frazer notou com razão que a maior parte das oferendas de primeiros frutos consiste na consagração de uma parte da espécie comestível, que representa o todo. Mas sua análise, de resto mantida no terreno dos fatos, não explica a função do rito.

348 Essa parte geralmente é a primeira de toda a coisa. Sabe-se a extensão das prescrições bíblicas relativas aos primogênitos dos homens e dos animais, aos primeiros frutos e cereais do ano, aos primeiros produtos de uma árvore (*òrlah*), ao primeiro trigo consumido (*ázimos*), à primeira massa fermentada (*halla*). De tudo o que vive e faz viver, as primícias pertencem a Javé. As bênçãos talmúdicas e sinagogais também acentuam esse tema, pois são obrigatórias quando se prova pela primeira vez um fruto, quando se começa a refeição etc.

349 *Talm. J. Biccourim*, III. *Mischnâ*, 2-ss. Não se pode evidentemente seguir o rito a partir dos textos bíblicos, que contêm apenas as prescrições sacerdotais e não os costumes populares. O caráter popular de todo esse rito é evidente: esse tocador de flauta, esse boi coroado de oliveira, de chifres dourados (que um cabrito de chifres prateados podia substituir, cf. *Gem*. ad loc.), esses cestos, essas pombas, tudo isso são traços originais, de uma antiguidade incontestável. Aliás, os textos da *Mischnâ* são eles próprios muito antigos.

350 Eles se reuniam na véspera e passavam a noite na praça pública (por temor de contato impuro, segundo a *Gemara*).

351 *Gem*. 2. Os rabinos discutem para saber se era como *shelamin* ou como *ôlâ*.

352 Rito de remissão pessoal, caso bastante notável.

353 Cf. *Menâhol*, in *Talm. Babli*, 58 a (nota de Schwab *ad loc.*).

354 Números XIX.

355 Ver mais acima.

356 Ritual do Kipur.

357 *Talm. J. Maaser Sheni*, VI, *Gem*. (ver Schwab, p. 247). cf. *Mischnâ* in *Middoth*, citado.

4. COMO O ESQUEMA VARIA SEGUNDO AS FUNÇÕES ESPECIAIS DO SACRIFÍCIO

358 Sabe-se que é um tema fundamental dos Profetas e dos Salmos essa "morte" em que é mergulhado o fiel antes do retorno de Javé. Cf. Ezequiel XXXVII, 2; Jó XXXIII, 28, e comentário in *Talm. J. Baba qamma* VII, 8 (4) (*Gem.*). Ver Salmos CXVI e CXVII, 17-ss: "Não morrerei de modo algum, mas viverei etc.". Dispensamo-nos de lembrar as fórmulas católicas da missa.

359 Na Índia, reputa-se todo o mundo do sacrifício como esse mundo novo. Quando se faz levantar o sacrificante, diz-se a ele: "De pé, na vida". Quando se anda levando uma coisa sagrada a fórmula é: "Vai ao longo da vasta atmosfera" (*Taitt.S.* 1, 1, 2, 1). No início de todos os ritos, um dos primeiros mantras é: "Tu pelo suco, tu pela seiva" (*Taitt.S.* 1, 1, 1, 1). E no final do sacrifício a regenerescência é total.

360 Pausânias II, 24, 1. Sobre o transporte pelo *soma*, sobre a maneira como os *rsis* que o beberam se sentem ou levados ao outro mundo ou possuídos pelo deus Soma, ver Bergaine 1878-83, I: 151-ss; R. V. X, 119; X, 136, 3, 6-ss; VIII, 48 por inteiro; Oldenberg 1894a: 530. Sobre a possessão, ver Wilken 1878: 1-ss; Frazer 1898, V: 381; Pausânias I, 34, 3; Roscher, *Rhein. Mus.*, LIII: 172-ss.

361 Essas expressões são tomadas das especulações bíblicas e talmúdicas sobre o dia do "julgamento" do Kipur.

362 Ver nossas resenhas dos livros de A. Nutt, Rohde [4], Cheetham [5]; no que concerne às doutrinas hindus, ver Lévi 1898: 102, 108, 161; quanto ao *haoma*, ver Darmesteter 1875: 54; 1876: 96.

363 Ver Lefébure 1897; Brindon 1897: 89-ss.

364 O peregrino de Meca, o antigo sacrificante do *hagg*, tinha e ainda tem o título de *hajd* (Wellhausen 1897: 80).

365 Ver Duchesne 1889: 282-ss. Sobre a relação entre o sacrifício e os ritos da iniciação e da introdução da nova alma, cf. Frazer 1890, I: 344-ss. O acesso à vida cristã sempre foi considerado uma verdadeira mudança de natureza.

366 Sabemos que em muitos casos paralelos, e mesmo nesse, um outro efeito é visado: despistar os maus espíritos mudando de nome, derrotar a má sorte (cf. *Midrasch à l'Ecclésiaste*, I, 19. *Talm. B.*, fol. 16 a. *Gemara* em *Schebouoth. Talm. J.*, VI, 10. Schwab, IV, p. 79; Hurgronje 1889, II: 122).

367 *Talm. J.*, tratado *Guittim. Gem.*, p. 45 (Schwab).

368 Ver Caland 1896; Groot 1892, I: 5.

369 Lévi 1898: 93-95. Concordamos absolutamente com a aproximação proposta por Lévi entre a teoria brâmane da fuga da morte pelo sacrifício e a teoria budista da *moksâ*, da libertação (cf. Oldenberg 1894b: 40).

370 Sobre o *amrtam*, "essência imortal" que o *soma* propicia, ver Bergaigne 1878-83, I: 254-ss. Mas aqui, como em Hillebrandt 1890 (I: 289-ss, passim), as interpretações de mitologia pura invadiram um pouco a explicação dos textos (ver Kuhn 1886; Roscher 1883).

371 Darmesteter 1875: 16, 41.

372 Tanto no dogma (ex. Irineu, *Adversus haereses*. IV, 4, 8, 5) quanto nos ritos mais conhecidos; assim, a consagração da hóstia se faz por uma fórmula em que é mencionado o efeito do sacrifício sobre a salvação (Magani 1897, II: 268). Poder-se-ia ainda aproximar desses fatos a *Aggada* talmúdica, segundo a qual as tribos desaparecidas no deserto e que não sacrificaram não farão parte da vida eterna (*Gem.* em *Sanhedrim*, X, 4, 5 e 6, in *Talm. J.*), nem as pessoas de uma cidade que ficou interditada por ter-se entregue à idolatria, nem Cora, a ímpia. Essa passagem talmúdica se apoia em Salmos XLIX, 5: "Reuní junto a mim os meus fiéis, que selaram minha aliança com sacrifício".

373 Seria oportuno aqui examinar o aspecto por assim dizer político do sacrifício: em várias sociedades político-religiosas (sociedades secretas, melanésias e guineanas, bramanismo etc.) a hierarquia social com frequência é determinada pelas qualidades adquiridas pelos indivíduos mediante sacrifícios. Também seria conveniente considerar os casos em que o sacrificante é o grupo (família, corporação, sociedade etc.) e identificar os efeitos produzidos por esse tipo pelo sacrifício sobre uma pessoa. Facilmente se perceberia que todos esses sacrifícios, de sacralização ou de dessacralização, têm sobre a sociedade, sendo iguais as condições, os mesmos efeitos que sobre o indivíduo. Mas a questão compete mais à sociologia em geral do que ao estudo preciso do sacrifício. Aliás, ela foi bastante estudada pelos antropólogos ingleses: os efeitos da comunhão sacrificial sobre a sociedade são um de seus temas favoritos (ver Smith 1889: 284-ss; Hartland 1894-96, II: cap. XI).

374 Allen (1897: 239, 265-66, 340-ss) defendeu ideias sobre esses sacrifícios e os sacrifícios do deus que talvez parecerão relativamente análogas às nossas. Esperamos, porém, que se percebam diferenças fundamentais.

375 É um dos ritos cujo estudo comparado é dos mais avançados. Ver Gaidoz 1882; Winternitz 1888; e sobretudo a exaustiva monografia de Sartori (1898), com a classificação das formas e onde somente a análise do rito deixa realmente a desejar. Sobre a conservação dos corpos ou partes de corpos das vítimas nas construções, ver Wilken 1889: 31; Pinza 1898.

376 É o caso mais geral. Trata-se realmente da criação de uma espécie de deus ao qual mais tarde se prestará um culto. Há aí um caso paralelo ao do sacrifício agrário. Esse espírito será vago ou preciso, confundir-

-se-á com a força que torna sólida a construção ou será uma espécie de deus pessoal, ou ainda as duas coisas ao mesmo tempo. Mas ele sempre estará ligado por certos vínculos à vítima da qual provém e à construção da qual é o guardião e o protetor contra feitiços, doenças e infortúnios, inspirando a todos, tanto aos ladrões quanto aos habitantes, o respeito do limiar (Trumbull 1896). Assim como se fixa a vítima agrária semeando seus restos etc., derrama-se o sangue sobre as fundações e mais tarde se empareda a cabeça. O sacrifício de construção pôde se repetir em diversos rituais; primeiro em ocasiões graves (conserto de uma construção, cerco de uma cidade) e depois de maneira periódica, confundindo-se em muitos casos com os sacrifícios agrários, dando origem, como eles, a personalidades míticas (Dümmler 1897: 19-ss).

377 O caso é igualmente bastante geral. Trata-se de redimir por uma vítima a cólera do espírito proprietário, seja do solo, seja, em alguns casos, da própria construção. Os dois ritos se acham reunidos na Índia (Winternitz 1888) no sacrifício a Vastospati, "Rudra, senhor do lugar", mas em geral são isolados (Sartori 1898: 14-15, 19, 42-ss).

378 Ver Winternitz 1888.

379 O caso mais conhecido é o da filha de Jefté. Mas após o cumprimento de um sacrifício voluntário sempre há o sentimento de ter-se desonerado, de ter "arremessado o voto", como dizem energicamente os teólogos hindus.

380 Na Índia védica, "Isto ao deus, não a mim" era a fórmula geral da atribuição pronunciada pelo sacrificante quando o oficiante lançava ao fogo uma parte qualquer.

381 São os sacrifícios bíblicos "de graça", de louvor. Eles parecem ter sido muito pouco numerosos na maioria das religiões (quanto à Índia, ver Oldenberg 1894a: 305-06; Wilken 1891: 365-ss).

382 Callaway 1868: 59, n. 14; Frazer 1890, II: 42; Marillier 1898: 209; Sahagun s/d, II: 20.

383 Hillebrandt 1897: 75. Convém associar a esses fatos os casos de afogamentos de vítimas. Noutros casos esparge-se água sobre uma vítima qualquer (ex: II Reis, XVIII, 19-ss; cf. Kramer 1898: 165; Smirnov 1898: 175).

384 No ritual védico, quando se unge o animal no traseiro diz-se: "Que o mestre do sacrifício [o sacrificante] vá [contigo e] com sua vontade ao céu" (*Ap.çr.sû.* VII, 14, 1; *v. s.* 6, 10, 6; *Taitt.S.* 1, 3, 8, 1, comentado em *Taitt.S.* 6, 3, 7, 4; *Çat.Br.* 3, 7, 4, 8, onde é explicado que o animal vai para o céu e leva no traseiro o voto do sacrificante). É muito comum a vítima ser representada por um mensageiro dos homens, como no México e entre os trácios descritos por Heródoto (IV, 9) etc. Nossa enumeração dos sacrifícios objetivos não é de modo algum completa; não abordamos o sacrifício divinatório, o de imprecação, o do alimento, o do juramento etc. Um estudo dessas diversas formas talvez demonstraria que aí também se trata de criar e utilizar uma coisa sagrada, um espírito que se dirige para esta ou aquela coisa. Desse ponto de vista, será possível talvez chegar a uma classificação.

385 Ver Mannhardt 1884: 68-ss; Smith 1889: 304-ss; Frazer 1890, II: 38, 41; Prott 1897: 187-ss, Stengel 1898: 399-ss; Farnell 1896-1909, I: 56, 58, 88-ss (ver nas *Bouphonia* um caso de culto totêmico); Frazer 1898, II: 203-ss; V: 509; Mommsen 1864: 512-ss; Gruppe [1906], I: 29.

386 Ver Pausânias, I, 24, 4; 28, 10; Porfírio, *De Abstinentia*, II, 9, 28-ss; Schol. Arist. *Nub.*, 985; Hom. Schol. *Il.*, 83.

387 Pausânias I, 24, 4.

388 Porfírio, *De Abstinentia* II, 28.

389 Idem, II, 9, 28, 30; Schol. Hom., loc. cit. e Schol. Arist., loc. cit.

390 Eusébio de Cesareia (*Praeparationis evangelicae* III, 2, 9) viu na morte de Adônis o símbolo da colheita ceifada, mas isso é fazer do rito uma ideia vaga e estreita.

391 Mommsen (1864) pensa que as *Bouphonia* são uma festa da debulha do trigo.

392 Stengel (1898) afirma que a sobreposição do sacrifício sangrento à oferenda das primícias nas *Dipolia* é um caso de substituição das oferendas vegetais pelo sacrifício sangrento.

393 Catão, *Du Agricultura*, 14; Marquardt 1843-64: 200, n. 3 (*Ambarvalia*); Frazer 1890, I: 39. Ver exemplos muito claros do mesmo gênero de fatos em Sartori 1898: 17; Pinza 1898: 154.

394 Havia uma confissão no momento de levar o dízimo e os frutos ao templo de Jerusalém (*Mischnâ. Maaser Sheni* V, 10-ss, *Talm. J.*). Na Índia, uma confissão da mulher fazia parte do ritual dos *Varunapraghâsas* (Lévi 1898: 156).

395 Wellhausen 1889; Smith 1889: 406, 464 etc. Contra a interpretação demasiado estrita de Wellhausen e Smith, sustentamos o caráter comunial da festa: assinalamos a maneira pela qual nela se consome o primeiro trigo, pela qual se consagra o primeiro feixe, e dizemos que aí como em toda parte, sem que se trate necessariamente de fusão de ritos de diferentes origens e nacionalidades, há simplesmente um caso de rito naturalmente complexo.

396 A obrigação de sacrificar a Páscoa, de consumir o cordeiro, de trazer os primeiros frutos, como já abordado, é rigorosamente pessoal no ritual hebraico. Do mesmo modo, no rito dos *Varunapraghâsas*, examinado mais adiante, encontramos um caso semelhante de remissão pessoal. Solta-se de cada indivíduo da família o "laço" que Varuna lhes lançaria. Fazem-se tantos bolos de cevada em forma de pote (*karam-*

bhapatrâni) quantos forem os membros da família (*Ap.çr.sû.* VIII, 5, 41) e mais um, que representa a criança por nascer (*Taitt.Br.* 1, 6, 5, 5), e num certo momento da cerimônia cada um os coloca sobre a cabeça (*Ap.çr.sû.* VIII, 6, 23). Assim, diz o bramana, afasta-se da cabeça Varuna, deus da cevada (*Taitt.Br.* 1, 6, 5, 4).

397 Ver Pausânias, II, 32, 2 (Trezena), cf. Frazer 1898, III: 266-ss; Pausânias III, 11, 12; 14, 8, 10; 19, 7 (Esparta); Usener 1897: 42-ss; Mannhardt 1875, I: 281; Frazer 1890, II: 165. Sobre as lutas das festas da Holi, ver Crooke 1894, II: 315-ss, onde são citados alguns casos equivalentes. Mas o rito é complexo e é muito possível que tenha havido aí sobretudo uma imitação mágica da luta anual dos bons e dos maus espíritos.

398 Com efeito, a lenda marca esse caráter quase expiatório das *Bouphonia*.

399 Farnell (1896-1909) e Smith (1875-89) veem aí uma sobrevivência da comunhão totêmica.

400 Porfírio, *De Abstinentia* II.

401 Mannhardt 1875, I: 105; Frazer 1890, II: 71, 106, 157, nota adicional.

402 Cf. Frazer 1890, II: 9, 21, 23, 31, 42, 73, 75, 78.

403 Ibidem: 74.

404 Os hebreus não podem comer dos frutos da Terra Prometida antes de terem comido os ázimos e o cordeiro (Josué V, 10-ss; Êxodo XXIV, 15-ss; XXIV, 18-ss).

405 Frazer 1890, II: 31.

406 Segundo o texto das palavras da pítia, parece que a comunhão seria algo relativamente além da obrigação.

407 Ver Lévi 1898: 155, n. 3.

408 Daí o nome do rito: "os alimentos de Varuna".

409 *Çat.Br.* 2, 5, 2, 1 (ver Lévi 1898: 156, n. 1) e *Taitt.Br.* 1, 6, 4, 1 indicam apenas esse último termo do mito. Examinamos somente um dos três ritos que fazem parte da cerimônia: um deles é um banho idêntico ao banho de saída do sacrifício a *soma* e o outro é uma confissão da mulher, em todos os pontos comparável à prova levítica da mulher adúltera. Toda a festa tem assim um pronunciado caráter purificatório.

410 Todas feitas de cevada, mas excepcionalmente podem ser feitas de arroz (*Ap.çr.sû.* VIII, 5, 35).

411 *Ap.çr.sû.* VIII, 5, 42; 6, 1-ss; 10-ss. Evidentemente, essas duas imagens representam o espírito da cevada, considerado fecundante e fecundado (sobre a copulação figurada desses dois animais, por meio da qual as criaturas se livram do laço de Varuna, cf. *Taitt.Br.* 1, 6, 4, 4), mas não há um texto muito claro sobre esse ponto. Embora o rito tenha nele próprio o sentido de uma criação mágica do espírito da cevada (cf. *Çat. Br.* 2, 5, 2, 16, onde é dito que o carneiro é "Varuna visível" e onde se trata do carneiro figurado e não de um carneiro qualquer, como acredita Lévi [1898: 155, n. 4]), os textos não revelam suficientemente essa significação para que possamos desenvolvê-la.

412 *Ava-yaj* (*Taitt.Br.* 1, 6, 5, 1).

413 Mannhardt 1875, I: 350-ss.

414 Macpherson 1865: 129-ss; Frazer 1890, II: 20, 23, 41 (sacrifício do boi nos campos).

415 Mannhardt 1875, I: 363.

416 Bahlmann 1898: 294.

417 Höfler 1896: 4.

418 Frazer 1890, II: 21, 28-ss, 43, 47-ss.

419 Mannhardt 1875, I: 350-ss; Frazer 1890, I: 381-ss.

420 No inverno o gênio vivia na propriedade rural (Frazer 1890, II: 14, 16).

421 Cf. Kondakov e Reinach 1891: 181 (tribos do Altai); Heródoto IV, 72; Frazer 1890, II: 42 (China), 94, 220 (sobre costumes do mesmo gênero).

422 Frazer 1890, II: 220.

423 Idem, I: 266.

424 Idem, I: 257-ss.

425 Ovídio, *Fastos* IV, 73-ss; Propércio, V, 1, 19; Mannhardt 1875, II: 314-ss; 1884: 189.

426 Ovídio, *Fastos*, IV, 639.

427 Frazer 1890, II: 45; Schol. Luc. in *Rhein. Mus.*, 1870: 548-ss (Rohde); cf. culto de Ísis em Tithorea (ver mais acima).

428 Ver Marillier 1898: 209; II Reis XVIII, 19-ss.

429 Frazer 1890, I: 384.

430 Pharmakos (Targélias), Boulimos. (Plutarco, *Quæst. Sympo-siacæ*, VI, 8, 1); *Argei* em Roma (Marquardt 1843-64: 191); Mannhardt 1884: 135.

431 Cf. as Targélias, expiação da morte de Androgeu (Gruppe [1906]: 37); as *Karneia*, expiação da morte de Karnos; lenda de Melanipo e Co-maitho em Patras (Pausânias VII, 19, 2-ss).

5. O SACRIFÍCIO DO DEUS

432 Mannhardt 1875 e 1884; Frazer 1890, I: 213-ss; II: 1-ss; Jevons 1896; Allen 1897, caps. X-ss; Liebrecht 1879: 436, 439; D'Alviella 1898: 1-ss; Smith 1875-89 e 1889: 414-ss; Vogt 1871: 325. Não afirmamos que todo sacrifício do deus seja de origem agrária.

433 Ressalvamos, evidentemente, o caso dos animais-totens.

434 Cf. Mannhardt 1868, 1875, 1884; Frazer 1890, II. Em inúmeros fatos citados, a vítima, o gênio do campo e o último feixe têm o mesmo nome. Seguimos aqui a exposição desses autores.

435 Chega-se mesmo a colocar víveres etc., sacrifício bastante elementar (Mannhardt 1875, I: 215).

436 Ibidem: 350, 363; Frazer 1890, I: 381-ss; II: 21, 183-ss; Porfírio, *De Abstinentia* II, 27.

437 Cf. Frazer 1890, I: 360.

438 Arnobius, *Adversus nationes*, V, 5-ss (lenda de Agdistis, que obtém de Zeus que o cadáver de Átis não se corrompa); Juliano, *Or.* V, 180.

439 Fílon de Biblos, 44.

440 Roscher [1884-1937] ("Ikarios").

441 Chavero s/d: 365.

442 "Códice Ramírez" s/d: 28. Sahagun s/d, II: 11, 30.

443 Bancroft 1875, II: 319-ss; Frazer 1890: 221.

444 Firmicus Maternus, *De errore profanarum religionum*, 6; Rohde [1928], II: 166; Frazer 1898, V: 143.

445 Fílon de Biblos, 34; cf. talvez *Bull. Cor. Hell.* 1896: 303-ss, inscr. de El-Bardj: ἀποθεωθέντος ἐν τῷ λέβητι.

446 Mannhardt 1875, II: 325.

447 Em Lausitz, o espírito que vivia no trigo era chamado "o morto" (Frazer 1890, I: 265-ss; Mannhardt 1875, I: 420). Em outros casos representava-se o nascimento do gênio dando ao último feixe, aos primeiros grãos, a forma de uma criança ou de um pequeno animal (o *corn-baby* dos autores ingleses): o deus nascia do sacrifício agrário. Ver Mannhardt 1884: 62-ss; Frazer 1890, I: 344; II: 23-ss; Gruppe [1906]: 248 (nascimento de Zeus no monte Ida); Lydus, *De Mensibus* IV, 48; Pausânias VIII, 26, 4 (nascimento de Atena em Aliphera e o culto de Zeus Λτεχάεης [parturiente]). Soma (assim como Agni) é frequentemente chamado um jovem deus, o mais jovem dos deuses (Bergaigne 1878-83, I: 244).

448 Teopompo, fr. 171 (*F. H. G.* I, 307); Pausânias III, 13, 4; Eusébio, *Praep. Ev.*, V, 20, 3 (Oinamaos); Usener 1898: 359-ss e, para uma lenda do mesmo gênero, 365-ss.

449 Ver Hesych. s.v.

450 Pausânias III, 13, 3-ss.

451 Lévi 1898, cap. II; cf. Bergaigne 1878-83, I: 101-ss.

452 Ver Usener 1897, III; 1898.

453 Os episódios míticos geralmente são solidários das cerimônias rituais. Assim, Cipriano conta que em sua juventude havia sido figurante da ὀράκοντος δραματουργία, em Antioquia (*Confessio SS. Cypriani*, in *AA.-SS.* sept. 26, t. VII, p. 205). Sobre a figuração do combate de Apolo contra Píton em Delfos, ver Frazer 1898, III: 52; V: 244.

454 Cirilo, *Contra Julianum* X: 342, D; Diodoro, VI, 5, 3.

455 Mannhardt 1875, II: 133, 149.

456 Clermont-Ganneau s/d: 28; Eerdmans 1894: 280-ss.

457 Harper 1892; Delitzsch 1891-1913, II: 2, 22; Stucken [1896-1907], II: 89.

458 Jeremias 1886: 79, n. 4 (purificação do cadáver no ritual védico).

459 Plutarco, *De Ísis e Osíris*, § 13-ss; Frazer 1890, I: 301-ss; Firmicus Maternus, *De errore profanarum religionum* (sepultamento de Osíris mos mistérios isíacos).

460 Pausânias II, 32, 2.

461 Fournier 1891: 70.

462 Clemente de Roma, *Recognitiones*, X, 24; Heródoto VII, 167; Movers 1841-56, I: 153, 155, 394-ss; Pietschmann 1889; Smith 1889: 373, n. 2.

463 Müller 1829: 22-39.

464 Usener 1896: 239-ss.

465 Plutarco, *Questions grecques*, 12.

466 Pausânias XI, 34, 2.

467 Há casos em que os personagens divinos são mortos sucessivamente, como no mito de Busíris e Litiersés (Mannhardt 1884: 1-ss): o estrangeiro é morto por Busíris e Litiersés, estes são mortos por Hércules e mais tarde este se suicidará.

468 Halévy 1895-1907: 29-ss; Jensen 1890: 263-64; Gunkel 1895; Delitzsch 1896.

469 Clermont-Ganneau 1876: 196, 372; s/d: 78, 82.

470 Stengel 1898: 101-ss.

471 Festa de Zag-mu-ku (*rish-shatti*, começo do ano). Cf. Hagen 1891-1913, II: 238; *W. A. I.* IV, 23, 39-ss; Parmentier 1897: 142-ss.

472 Clermont-Ganneau 1876: 387.

473 Eusébio de Cesareia, *Chronicorum*, I, 14, 18.

474 Para o mito do herói adormecido e os equivalentes, cf. Hartland 1894-96, III. Do mesmo modo, Indra cai exausto após sua luta contra o demônio Vrtra ou então foge etc. A mesma lenda é contada sobre Vixnu etc.

475 Eudóxio, in Ateneu, IX, 392, E; Eustáquio, *Il.*, 1.702, 50.

476 Higino, fab. 80.

477 Cf. Usener 1897.

478 K.2801, I (Delitzsch e Haupt 1891-1913, III: 228; II: 258-59); K.2585: Somas, juiz dos Annunakis; K.2606: Etana, matador dos Annunakis.

479 Cf. *Talm. Bab., Chilin.* fol. 91 T; Haarsbrücker 1851: 5-ss.

480 Parthey, *pap. Berl.*, 1, v. 321-ss.

481 Martianus Capella, *De nuptiis Philologiae et Mercurii*, II, 85.

482 *W. A. I.* IV, 21, 1 c.

483 Id., 14, 2, rev. 9: Gibil, *mar apsi* (filho do abismo).

485 Cf. Usener 1897, II. (Tersítes = Pharmakos acusado por Aquiles de ter roubado as taças de Apolo e matado; Tersítes = Theritas = Apolo).

486 Stucken [1896-1907], II.

487 Oineus e os filhos de Agrios (Usener 1898: 375).

488 Tümpel s/d: 544; cf. Stucken [1896-1907], I: 233-ss (Abraão).

489 Porfírio, *De antro nympharum*, 24; cf. Darmesteter 1876: 327-ss. Desnecessário dizer que não convêm aqui as explicações simbólicas (cf., por exemplo, Gruppe 1887: 153-ss; Frazer 1890, I: 402). O símbolo é apenas uma explicação posterior do mito e do rito. De fato, essas lendas são tão naturalmente sacrificiais que podem ser substituídas por episódios em que o deus oferece ele próprio um sacrifício. Exemplos: a lenda de Perseu (Pausan. de Damasco, frg. 4), em que ele oferece um sacrifício para fazer cessar uma inundação (lenda de introdução provavelmente recente no ciclo), e a de Aristeu (Diod. IV, 81-82), em que ele sacrifica para fazer cessar uma peste. Cf. também *Georg.*, IV, 548-ss; Maas 1895: 278-97; Gruppe [1906]: 249, n. 2; Porfírio, *De antro nympharum*, c. 18; Juízes XIV, 5-ss (o leão de Sansão). Sobre o sacrifício mitraico, ver Cumont 1896-99; Darmesteter 1876: 150, 256. Sobre os deuses sacrificantes equivalentes aos deuses lutadores, ou melhor, que lutam com o auxílio do sacrifício, ver Lévi 1898, cap. II.

490 Mannhardt 1875, I: 316.

491 Cirilo, *Contra Julianum* IV: 128.

492 Parmentier 1897: 143-ss.

493 Exemplo: *Ath. Mitth.* XXII, 38 (Pessinonte).

494 Torquemada, "Monarquia indiana", in Kingsborough 1831-48, VI; Cortez, "3ª carta a Carlos V", in Kingsborough 1831-48, VIII.

495 Cf. Mannhardt 1875, I: 358-ss, 572-ss.

496 Proclo, "Hino a Atena", in Lobeck 1829: 561; Abel 1885: 235.

497 Ver mais acima, sobre as *Karneia*. Cf. Usener 1898: 371.

498 Assim, Hércules institui o culto de Atena Αἰγοφάγος após seu combate contra Hipocoonte (Pausânias III, 15, 9); depois de ter lançado os bois de Geríon na fonte Kyana, ele ordena a renovação de seu ato (*Diod.* v, 4, 1, 2).

499 Roscher [1884-1937], I: 1.059; Frazer 1890, I: 328; Hera Αἰγοφάγος (Pausânias III, 5, 9).

500 Frazer 1890, II: 58-ss; Seidel 1898: 355.

501 Frazer 1890, II: 62; Diodoro, v, 62; Servius, *Ad. Æn.* III, 18 ("*Victimae numinibus aut per similitudinem aut per contrarietatem immolabantur*").

502 Encontrar-se-á uma bibliografia relativa ao *soma* em Macdonnel 1897: 115; ver Bergaigne 1878-83, I: 148, 125; II: 198, 366; Hillebrandt 1890, I (com uma exposição sucinta do próprio rito: pp. 146-ss). Sobre o *soma* nos bramanas, ver Lévi 1898: 169. O *soma*, planta anual sacrificada na primavera, nos parece ter servido originariamente a um rito agrário (ver Bergaigne 1878-83, III: 8-9); ele é o "rei das plantas" desde o *Rig Veda*, e a Índia clássica desenvolveu bastante esse tema (Hillebrandt 1890: 390). Ainda não foi feito um estudo completo do sacrifício do *soma*; compreende-se assim que não tenhamos tentado apoiar nada com textos, a matéria estando aqui indefinida. Quanto às interpretações naturalistas do mito de Soma, não podemos discuti-las todas, mas admitimos todas elas por não considerá-las de modo algum inconciliáveis.

503 Lévi 1898: 162; Bergaigne 1878-83, III: 84-85, 63, n. 1; Hillebrandt, *Viçvârâpa*, p. 53.

504 Ver Lévi 1898, cap. I e Prefácio.

505 Bergaigne 1878-83, I: 275. Ver a significativa discussão de Ludwig [Schläfli] (1876-88, III: 308).

506 Stucken [1896-1907], II: 97; *Talm. B. Gem.* in *Taanith.*, 4, 2. O mundo repousa sobre o sacrifício celebrado no templo.

507 Gunkel 1895.

508 Ver Vogt 1871: 325; Lasaulx 1841.

6. CONCLUSÃO

509 Callaway 1868: 59, 92.

BIBLIOGRAFIA

Esta bibliografia foi organizada a partir das referências dadas em nota por Mauss e Hubert no ensaio publicado no *Année Sociologique* de 1899. Encontramos inconsistências nas citações de nomes de autores, títulos e datas de publicação. Todo o esforço foi feito para sanar as imprecisões, ora completando, ora corrigindo informações das obras citadas. Para as obras do século XIX, a fonte foi, na maior parte das vezes, a Biblioteca Nacional da França. [N. E.]

ABEL, Eugenius. *Orphica*. Leipzig/Praga: s. n, 1885.

ALLEN, Grant. *The Evolution of the Idea of God*. Londres: G. Richards, 1897.

BACHMANN, Johannes. *Die Festgesetze des Pentateuchs, aufs neue kritisch untersucht*. Berlim: Schultze, 1858.

BACK, Friedrich Karl. *De Graecorum caerimoniis in quibus homines deorum vice fungebantur*. Berlim: G. Schade, 1883.

BAENTSCH, Bruno. *Das Heiligkeitsgesetz*. Erfurt: Hugo Giither, 1893.

BAHLMANN, Paul (org.). *Munsterlandische Märchen, Sagen, Lieder und Gebrauche, gesammelt und herausgegeben von Paul Bahlmann*. Münster: I. Seiling, 1898.

BANCROFT, Hubert H. *Native Races of the Pacific States of North America*, 5 v. Nova York: D. Appleton, 1875.

BARTON, Amos. "On the Sacrifices Kalil and Shelem-kalil in the Marseille Inscription" *Proc. Am. Or. Soc.* S. l.: s. n., 1894.

BASSET, René. *Nouveaux contes berbères*. Paris: E. Lereux, 1897.

BENZINGER, Immanuel. *Hebräische archäologie*. Freiburg: Mohr, 1894.

BERGAIGNE, Abel. *La religion védique*, 3 v. Paris: Kessinger, 1878-83.

_____. *Recherches sur l'histoire de la liturgie védique*. Paris: Impr. Nationale, 1889.

BERGAIGNE, Abel & Victor HENRY. *Manuel pour étudier le sanscrit védique*. Paris: Bouillon, 1890.

BERNHARD, Karl. *Trankopfer bei Homer*, Programm des Königlichen Gymasiums, Leipzig: s. n., 1885.

BERTRAND, Alexandre. *Religion des gaulois: les druides et le druidisme*. Paris: Ernest Leroux, 1897.

BRINTON, Daniel G. *Religions of Primitive Peoples*. New York, London: G.P. Putnam's Sons, 1897.

CALAND, Willem. *Die altindische Todten- und Bestattungsgebräuche*. Amsterdã: Müller, 1896.

_____. *Een Indogermaansch Lustratie-Gebruik*. Amsterdã: Müller, 1898.

CALLAWAY, Henry. *Religious System of the Amazulu*. Natal: J. A. Blair, 1868.

CHAVERO, Alfredo. *Mexico através de los siglos*, v. I. México: Publicaciones Herrerias, s/d.

CLERMONT-GANNEAU, Charles. "Horus et Saint-Georges". *Revue Archeologique*, XXXII. Paris, 1876.

_____. "Inscription Nabateenne de Kanatha". *Comptes-rendus de l'Academie des Inscriptions*. Paris, 1898.

_____. "La Stèle de Byblos". *Bibl. Ec. Hautes Études*, v. 44. Paris, s/d.

"Códice Ramírez". *Relación del origen de los indios que habitan en esta Nueva España* [manuscrito anônimo do sec. XVI].

COMPTON, Berdmore. *Sacrifice*. Londres: J. Parker, 1896.

CROOKE, William. *Popular Religion and Folklore of Northern India*. Allahabad: s. n., 1894.

CUMONT, Franz. *Textes et monuments figures relatifs aux mysteres de Mithra*. Bruxelas: H. Lamertin, 1896-99.

D'ALVIELLA, Goblet. "Les Rites de la moisson". *Revue de l'Histoire des Religions*, v. II. Paris, E. Leroux, 1898.

DARMESTETER, James. *Haurvatât et Ameretât: essai sur la mythologie de l'Avesta*. Paris: A. Franck, 1875.

_____. *Ormazd et Ahriman: leurs origines et leur histoire*. Paris: Vieweg, 1876.

DELITZSCH, Friedrich. *Das babylonische Weltschöpfungsepos*. Leipzig: S. Hirzel, 1896.

DELITZSCH, Friedrich & Paul HAUPT (orgs.). *Beiträge zur Assyriologie und vergleichenden semitischen Sprachwissenschaft*, 10 v. Leipzig: J. C. Hinrichs, 1891-1913.

DERENBOURG, Joseph. "Essai de restitution de l'ancienne rédaction de Masséchèt Kippourim". *Revue des Études Juives*, VI. Paris: A. Durlacher, 1883.

DILLMANN, August & August W. KNOBEL. in *Kurzgefasstes exegetisches Handbuch zum Alten Testament*, 2ª ed. Leipzig: Hirzel, 1886.

DITTENBERGER, Wilhelm. *Sylloge inscriptionum Graecarum*. Lipsiae: S. Hirzel, 1898-1901.

DONALDSON, James. "On the Expiatory and Substitutionary Sacrifices of the Greeks". *Transactions of the Royal Society of Edinburgh*, XXVII. Edimburgo: Royal Society, 1876.

DUCHESNE, Louis. *Origines du culte chrétien: étude sur la liturgie latine avant Charlemagne*. Paris: E. Thorin, 1889.

DÜMMLER, Ferdinand. "Sittengeschichtliche Parallelen". *Philologus*, LVI. Berlim: Akademie-Verlag, 1897.

ERDMANS, B. D. "Der Ursprung der Ceremonien des Hosein-Festes". *Zeitschrift fur Assyriologie*, 9. Leipzig, 1894.

ELLIS, Alfred B. *The Ewe-speaking peoples of the Slave Coast of West Africa*. London: Chapman and Hall, 1890.

FARNELL, Lewis R. *Cults of the Greek States*. Oxford: Clarendon, 1896-1909.

FOURNIER, Alban. *Vieilles coutumes, usages et traditions populaires des Vosges, provenant des cultes antiques et particulierement de celui du soleil*. Saint-Die: L. Humbert,1891.

FRAZER, James G. "Taboo", in *Encyclopaedia Britannica*. 1875-89.

_____. *The Golden Bough*. Londres: Macmillan, 1890.

_____. *Pausanias's Description of Greece*. Londres: Macmillan, 1898.

FRITZE, H. von. *Hermes*. S. l.: s. n.,1897.

FRITZE, Johannes von. *De libatione veterum Graecorum*. Berlim: R. Heinrich, 1893.

GAIDOZ, Henri. *Les Rites de la construction*. Paris: s. n., 1882.

GRASSMANN, Herrmann. *Wörterbuch zum Rig-Veda*. Leipzig: F. A. Brockhaus, 1873.

GROOT, Jan de. *The Religious System of China*. Leiden: E. J. Brill, 1892.

GRUPPE, Otto. *Die griechischen Culte und Mythen ihren Beziehungen zu den orientalischen Religionen*. Leipzig: B. G. Teubner, 1887.

_____. *Griechische Mythologie und Religionsgeschichte*. Munchen: C.H. Beck, 1906.

GUNKEL, Hermann. *Schopfung und Chaos in Urzeit und Endzeit*. Gottingen: Vandenhoeck/Ruprecht, 1895.

HAARBRÜCKER, Theodor. *Schahrastani. Religionsparteien und Philosophenschulen*. Halle: s. n., 1851.

HAGEN, Ole Erikson. in *Beiträge zur Assyriologie und vergleichenden semitischen Sprachwissenschaft*, 10 v. Leipzig: J. C. Hinrichs, 1891-1913.

HALEVY, Joseph. *Revue Sémitique d'Épigraphie et d'Histoire ancienne.* Paris: E. Leroux, 1898.

_____. *Revue Sémitique d'Épigraphie et d'Histoire ancienne.* Paris: E. Leroux,1899.

_____. *Recherches bibliques: l'histoire des origines d'après la Genèse.* Paris: E. Leroux: 1895-1907.

HALL, Martin John. *Through my Spectacles in Uganda.* Londres: Church Missionary Society, 1898.

HARPER, Edward. "Die Babylonischen Legenden von Etana, Zu, Adapa und Dibbarra". Leipzig: Druck von A. Pries, 1892.

HARTLAND, Edwin S. *The Legend of Perseus.* Londres: D. Nutt, 1894-96.

HENRY, Victor. *Les Hymnes Rohita de l'Atharva-Veda.* Paris: s. n., 1889.

HILLEBRANDT, Alfred. *Das altindische Neu- und Vollmondsopfer.* Jena, G. Fischer, 1879.

_____. "Nationalopfer in Alt-Indien¡", in *Festgruss an Otto von Böhtlingk.* Stuttgart: Kohlhammer, 1888.

_____. *Vedische Mythologie,* 2 v. Breslau: W. Koebner, 1890.

_____. *Ritual-Litteratur, vedische Opfer und Zauber.* Strassburg: s. n., 1897.

HÖFLER, Constantin Ritter von. *Correspond. Blatt. d. Deut. Gesell. f. Anthr.* S. l.: s. n., 1896.

HOUTSMA, Martinus Theodorus. *Over der Israelitische Vastendagen.* Amsterdã: s. n., 1897.

HUPFELD, Hermann. *Commentatio de primitiva et vera festorum apud Hebraeos ratione.* Halle: Halis Saxonum, 1851.

HURGRONJE, Christiaan S. *Mekka,* 2 v. Haia: Nijhoff, 1889.

JAHN, Ullrich. *Die abwehrenden und die Sühnopfer der Deutschen.* Breslau: W. Koebner, 1884.

JASTROW, Morris. "The Original Character of the Hebrew Sabbath". *American Journal of Theology,* II. Chicago, 1898.

JENSEN, Peter C. A. *Die Kosmologie der Babylonier.* Strassburg: K. J. Trubner, 1890.

JEREMIAS, Alfred. *Die Höllenfahrt der Istar, eine altbabylonische Beschwörungslegende.* Munchen: F. Straub, 1886.

JEVONS, Frank B. *An Introduction to the History of Religion.* Londres: Methuen, 1896.

KAMPHAUSEN, Adolf. *Das Verhaeltnis des Menschenopfers zur israelitischen Religion.* Bonn: Röhrscheid & Ebbecke, 1896.

KINGSBOROUGH, Edward. *Antiquities of Mexico,* 9 v. Londres, R. Havell & Colnaghi,1831-48.

KINGSLEY, Mary H. 1897. *Travels in West Africa.* London: Macmillan and Co., 1897.

KNAUER, Friedrich. in *Festgruss an Rudolf von Roth.* Sttutgart: W. Kohlhammer, 1893.

KONDAKOV, Nikodim & Salomon REINACH. *Antiquités de la Russie meridionale.* Paris: E. Leroux, 1891.

KOULIKOVSKI, Dmitrii Nikolaevitch. "Les trois feux sacres du *Rig-Veda".* *Revue de l'Histoire des Religions,* v. XX. S. l.: s. n., 1889.

KRAMER. "Das Fest Sinsja und das Feldgebet". *Bull. Soc. Arch. Hist. Ethn. de l'Univ. de Kazan in Globus.* S. l.: s. n., 1898.

KUHN, Adalbert. *Herabkunft des Feuers und des Gottertranks.* Gutersloh: C. Bertelsmann, 1886.

_____. *Zeitschrift für vergleichende Sprachforschung.* Berlim: Vandenhoeck & Ruprecht, 1881-1914.

KURTZ, Johann H. *Der alttestementliche Opferkultus*. Mitau: s. n., 1862.

LASAULX, Ernst von. *Die Sühneopfer der Griechen und Römer und ihr verhältnis zu dem einen auf Golgotha*. Würzburg. Voigt und Mocker, 1841.

LEFÉBURE, Eugène. "Origines du fetichisme", in *Mélusine*. Paris: Leroux, 1897.

_____. *Folklore*. Paris: Colin, 1898.

LENORMANT, François. in *Gazette Archeologique*. Paris, 1884.

LÉVI, Sylvain. *Doctrine du sacrifice dans les Brâhmanas*. Paris: E. Leroux, 1898.

LIEBRECHT, Felix. "Der aufgefressene Gott.", in *Zur Volkskunde. Alte und neue Aufsatze*. Heilbronn: Henninger, 1879.

LINDNER, Bruno. *Die Diksâ oder Weihe fur das Somaopfer*. Leipzig: Pöschel & Trepte, 1878.

LOBECK, Christian A. *Aglaophamus, sive de theologiae mysticae Graecorum causis*. Königsberg: s. n., 1829.

MAAS, E. *Orpheus*. Munchen: Beck, 1895.

MACDONNEL, Arthur A. "Vedic Mythology", in *Grundriss der Indo-arischen Philologie und Altertumskunde* [Encyclopedia of Indo-Aryan Research]. Strassburg: K. J. Trubner, 1897.

MACLENNAN, John Fergus. "Plant and Animal Worship". *Fortnightly Review*. Montreal, 1869-70.

MACPHERSON, Kenneth. *Memorials of Service in India*. Londres: J. Murray, 1865.

MAGANI, Francesco. *Antica liturgia romana*. Milão: Tip. Pontificia S. Giuseppe, 1897.

MANNHARDT, Wilhelm. *Korndamonen*. Berlim: F. Dümmler, 1868.

_____. *Wald-und Feldkulte*, 2 v. Berlim: Gebrüder Borntraeger, 1875.

_____. *Mythologische Forschungen*. Strassburg: K. J. Trübner, 1884.

MARILLIER, Léon. "La place du totemisme". *Revue de l'Histoire des Religions*, v. I. Paris: E. Leroux, 1898.

MARQUARDT, Joachim. *Handbuch der romischen Altherthumer*, v. VI. Leipzig: S. Hirzel, 1843-64.

MASPERO, Gaston. in *Revue Archeologique*. Paris, 1871.

MICHEL, Charles. *Recueil d'inscriptions grecques*. Bruxelas: H. Lamertin. 1897.

MOMMSEN, August. *Heortologie, antiquarische Untersuchungen uber die stadtischen Feste der Athener*. Leipzig: B. G. Teubner, 1864.

MORGAN, J. & Alfred WIEDEMANN. *Recherches sur les origines de l'Egypte. L'Age de la pierre et des métaux - Ethnographie préhistorique du tombeau royal de Négadah*. Paris: E. Leroux, 1896-97.

MOVERS, Franz K. *Die Phonizier*. Bonn: E. Weber, 1841-56.

MUIR, John. *Original Sanskrit Texts on the Origin and History of the People of India, their Religion and Institutions*. Londres: Trübner, 1872.

MÜLLER, Joel. *Kritischer Versuch uber den Ursprung und die geschichtliche Entwickelung des Pessach und Mazzothfestes*. Bonn: Eduard Weber, 1884.

MÜLLER, Max. *Zeitschrift der Deutschen Morgenländischen Gesellschaft*, IX. Leipzig; s. n., 1847.

_____. *A History of Ancient Sanskrit Literature*. Londres: Williams and Norgate, 1859.

_____. (ed.). *Sacred Books of the East* (S. B. E.), 50 v. Oxford: Clarendon Press, 1879-1910.

MÜLLER, O. *Rhein. Mus.* S. l.: s. n., 1829.

MÜLLER, Karl O. & Friedrich WIESELER. *Denkmaler der alten Kunst*, v. I. Gottinger: Dieterich, 1854-77.

MUNK, Salomon. *Palestine*. Paris: Firmin-Didot, 1845.

NITZSCH, Friedrich A. B. *Die Idee und Stufen des Opferkultus*. Kiel: s. n., 1889.

NOWACK, Wilhelm. *Lehrbuch der hebraischen Archaeologie*. Leipzig: J. C. B. Mohr, 1894.

OLDENBERG, Hermann. *Die Religion des Veda*. Berlim: W. Hertz, 1894a.

_____. *Le Bouddha, sa vie, sa doctrine, sa communaute*. Paris: Alcan, 1894b.

ORELLI. "Einige Alttestamentliche Prämissen zur Neutest. Versöhnungslehre". *Zeitsch. für Christl. Wissen. und Christl. Leben*. S. l.: s. n., 1884.

PARMENTIER, Léon. *Rev. de Phil*. S. l.: s. n., 1897.

PATON, William R. & Edward LEE HICKS. *The Inscriptions of Cos*. Oxford: Clarendon Press, 1891.

PIETSCHMANN, Richard. *Geschichte der Phönizier*. Berlim: G. Grotesche Verlagsbuchhandlung, 1889.

PINZA, Giovanni. *La conservazione delle teste umane e le idee ed i costume*. Roma: Presso la Società Geografica Italiana, 1898.

PLUTARCO. "Consolation a Apollonios". in *Oeuvres Morales*. S. n. t.

PRELLER, Ludwig. *Griechische Mythologie*. Berlim: Weidmann, 1872-75.

PROTT, H. von. "Buphonien". *Rhein. Mus*. S. l.: s. n., 1897.

RAMSAY, William W. *Cities and Bishoprics of Phrygia*. Oxford: Clarendon Press, 1893.

REINACH, Salomon. *Le Voile de l'oblation*. Paris: Institut de France, 1897.

RIEHM, Eduard. "Über das Schuldopfer". *Theologischen Studien und Kritiken*. Klotz: Hinrichs, 1854.

_____. "Der Begriff der Sühne". *Theologischen Studien und Kritiken*. Klotz: Hinrichs, 1877.

RINCK, Wilhelm Friedriech. "Über das Schuldopfer". *Theologischen Studien und Kritiken*. Klotz: Hinrichs, 1855.

ROHDE, Erwin. *Psyché: le culte de l'âme chez les grecs et leur croyance à l'immortalité*. Paris: Payot, 1928.

ROSCHER, Wilhelm H. *Nektar und Ambrosia*. Leipzig: B. G. Teubner, 1883.

_____. *Ausfuhrliches Lexikon der griechischen und römischen Mythologie*, 10 v. Leipzig: B. G. Teubner,1884-1937.

SAHAGUN, Bernardino de. *Historia universal de las cosas de Nueva España* [manuscrito do sec. XVI]. S. n. t.

SAMTER, Ernst. "Römische Sühnriten". *Philologus*, LVI. S. l.: s. n., 1897.

SARTORI, Paul. "Über das Bauopfer". *Zeitschrift für Ethnologie*, v. 30. Berlin, A. Asher & Co., 1898.

SCHLÄFLI, Ludwig. *Rig-Veda*, 6 v. [tradução para o alemão]. Praga: s. n., 1876-88.

SCHMOLLER, Alfred. "Das Wesen der Sühne in der alttestamentarischen. Opferthora". *Theologische Studien und Kritiken*. S. l.: s. n., 1891.

SCHWAB, Julius. *Das altindische Tieropfer*. Erlangen: Deichert, 1896.

SEIDEL, H. "Fetischverbote in Togo". *Globus*. S. l.: s. n., 1898.

SIMPSON, William. *The Buddhist Praying-Wheel*. Londres: Macmillan, 1896.

SMIRNOV, Jean. *Les Populations finnoises des bassins de la Bolga et de la Kama*. Paris.: E. Leroux, 1898.

SMITH, William R. "Sacrifice". in *Encyclopaedia Britannica*, 1875-89.

_____. *Kinship and Marriage in Early Arabia*. Cambridge: Cambridge University Press, 1884.

_____. *The Religion of the Semites*, (Gifford Lectures). London: Adam & Charles Black, 1889.

SPRENGER, Aloys. *Das Leben und die Lehre des Mohammad*, 3 v. Berlim: G. Parthey, 1861-65.

STEINMETZ, Sebald R. *Ethnologische Studien zur ersten Entwicklung der Strafe*. Leiden: Van Doesburgh, 1894.

STENGEL, Paul. "Zunge des Opfertier". *Jahrbuch für Philosophie*. S. l.: s. n., 1879.

_____. *Die griechischen Kultusalterthümer*, 2.ª ed. Munchen: C. H. Beck, 1898.

STUCKEN, Eduard. *Astralmythen*, 3 v. Leipzig: Pfeiffer, 1896-1907.

TAUTAIN, Louis– Frédéric. in *L'Anthropologie*. Paris: s. n, 1897.

TRUMBULL, Henry C. *The Blood Covenant*. Philadelphia: J. D. Wattles, 1893.

_____. *The Threshold Covenant*. Nova York: Scribner's sons, 1896.

TUMPEL, K. "Der Karabos des Perseus". *Philologus* (Neue Folge), VII. S. n. t.

TYLOR, Edward B. *La Civilisation primitive*. Paris: Reinwald: 1876-78.

USENER, Hermann. *Gotternamen: Versuch einer Lehre von der religiosen Begriffsbildung*. Bonn: F. Cohen, 1896.

_____. *Der Stoff des griechischen Epos*, Viena: C. Gerold, 1897.

_____. "Gottliche Synonyme". *Rhein. Mus.*, LIII. S. l.: s. n., 1898.

VOGT, Carl. in *Congrès international d'archéologie préhistorique*. Bolonha: Fava & Gavagnani, 1871.

VOLCK, Wilhelm. *De nonnullis Veteris Testamenti prophetarum locis*. Dorpat: C. Mattiensen, 1893.

ZIMMER, Heinrich. *Altindisches Leben*. Berlim: Weidmann, 1879.

WEBER, Albrecht. *Indische Studien*, I. Berlim: Dümmler, 1850.

_____. *Indische Studien*, III. Berlim: Dümmler, 1855.

_____. *Zwei vedische texte über Omina und Portenta*. Berlim: s. n., 1859.

_____. *Indische Studien*, IX. Berlim: Dümmler, 1865.

_____. *Indische Studien*, X. Berlim: Dümmler, 1868.

_____. *Indische Studien*, XI / XII. Berlim: Dümmler, 1871 / 72.

_____. *Über den Vâjapeya - Auszug aus den Sitzungsberichten der Königlichpreussischen Akademie der Wissenschaften zu Berlin. Philosophisch-historische Classe*. v. 28. Berlim: s. n., 1892.

WELLHAUSEN, Julius. *Reste arabischen Heidentums*. Berlim: G. Reimer, 1897.

_____. *Prolegomena zur ältesten Geschichte des Islam*. Berlim: G. Reimer, 1899.

WIEDEMANN, Alfred. *Aegypt. Zeitschr.* S. l.: s. n., 1878.

WILKEN, George A. "Het Shamanisme bij de Volken van den Indischen Archipel". in *Bijdragen tot de Taal-, Land- & Volkenkunde van Nederlandsch Indie.* S. l.: s. n., 1878.

_____. "Haaropfer". *Revue Coloniale Internationale*. S. l.: s. n., 1884.

_____. "Iets over de schedelvereering bij de volken van den Indischen Archipel". in *Bijdragen tot de Taal-, Land- & Volkenkunde van Nederlandsch Indie*. S.l : s. n., 1889.

_____. "Over eene nieuwe Theorie des Offers". *De Gids*. S. l.: s. n., 1891.

WINTERNITZ, Moritz. "Einige Bemerkungen über das Bauopfer bei den Indern". *Mitthlg. d. Anthr. Gesell. z. Wien*, XVII. S. l.: s. n., 1888.

_____. "Das Altindische Hochzeitsrituell". *Denkschriften der Kaiserlichen Akademie der Wissenschaften*, XL. Viena, s. n., 1892.

SOBRE OS AUTORES

MARCEL MAUSS nasceu em Épinal (França) em 1872. Formou-se em Filosofia e especializou-se em História das Religiões. Foi colaborador e diretor do *Année Sociologique*, periódico fundado por seu tio Émile Durkheim que reuniu os responsáveis pela chamada Escola Sociológica Francesa. Em 1925, criou o Instituto de Etnologia da Universidade de Paris com Lucien Lévy-Bruhl e Paul Rivet, e, em 1930, foi eleito para a cadeira de Sociologia do prestigioso Collège de France. "Etnólogo de museu", Mauss de fato nunca fez pesquisa de campo. Sua antropologia baseava-se em erudição histórica, vasto saber linguístico e no conhecimento profundo das monografias produzidas em todo o mundo. Seus cursos influenciaram toda uma geração de antropólogos franceses, como Claude Lévi-Strauss, Michel Leiris e Roger Bastide. Seu "Ensaio sobre a dádiva" [1923-24] tornou-se um clássico das ciências humanas, republicado no ano de sua morte, em 1950, no volume *Sociologia e antropologia* (ed. bras.: Cosac Naify, 2003), que reúne também outros de seus textos célebres como "As técnicas do corpo" [1936] e "A noção de pessoa" [1938]. Além deste "Sobre o sacrifício", Mauss escreveu com Henri Hubert os ensaios "Esboço de uma teoria geral da magia" [1902-03], "Le Suicide du chef Gaulois" [1925] e o livro *Mélanges d'histoire des religions* [1909].

HENRI HUBERT nasceu em Paris em 1872. Arqueólogo e sociólogo, especializou-se no estudo comparado das religiões. Professor na École Pratique des Hautes Études, e mais tarde da École du Louvre, centrou sua pesquisa na história e na cultura celtas. Conheceu Marcel Mauss no ambiente do *Année Sociologique*, no qual respondia pela seção de "sociologia da religião". Além dos ensaios em parceria com Mauss já citados, escreveu, entre outros, *Notes d'archéologie et de philologie celtiques* [1914] e *Les Celtes depuis l'époque de la Tène et la civilisation celtique* [1932]. Faleceu em 1927.

© Cosac Naify, 2005
© Éditions de Minuit, 1968

EDIÇÃO Florencia Ferrari
ASSISTENTE EDITORIAL Ana Paula Martini
PREPARAÇÃO Alexandre Morales
REVISÃO Débora Donadel
PROJETO GRÁFICO Cosac Naify
PRODUÇÃO GRÁFICA Aline Valli

1ª edição Cosac Naify Portátil, 2013

Nesta edição, respeitou-se o novo Acordo Ortográfico da Língua Portuguesa.

Dados Internacionais de Catalogação na Publicação (CIP)
(Câmara Brasileira do Livro, SP, Brasil)

Mauss, Marcel [1872-1950]
Sobre o sacrifício: Marcel Mauss e Henri Hubert
Título original: *Le sacrifice*
Tradução: Paulo Neves
1ª edição Cosac Naify Portátil
São Paulo: Cosac Naify, 2013
192 pp.

ISBN 978-85-405-0355-7

1. Etnologia 2. Religião 3. Sacrifício 4. Sacrifício
animal I. Hubert, Henri, 1872-1927 II. Título

13-02862   CDD 306.69134

Índices para catálogo sistemático:
1. Sacrifício: Natureza e função: Instituições religiosas:
Etnologia: Sociologia 306.69134

COSAC NAIFY
rua General Jardim, 770, 2º andar
01223-010 São Paulo SP
cosacnaify.com.br [11] 3218 1444
atendimento ao professor [11] 3823 6560
professor@cosacnaify.com.br

COSACNAIFY PORTÁTIL

FONTES Akzidenz-Grotesk Pro e More Pro
PAPEL Munken Pure Rough 100 g/m^2
IMPRESSÃO Geográfica
TIRAGEM 3000